办不一般的职教名校

陈仕楷　赵　波　卢永辉　主编

湖南师范大学出版社

图书在版编目（CIP）数据

办不一般的职教名校 / 陈仕楷，赵波，卢永辉主编. —长沙：湖南师范大学出版社，2019. 12

ISBN 978 - 7 - 5648 - 3515 - 6

Ⅰ. ①办… Ⅱ. ①陈… ②赵… ③卢… Ⅲ. ①中等专业学校—办学模式—研究 Ⅳ. ①G718. 3

中国版本图书馆 CIP 数据核字（2019）第 061872 号

办不一般的职教名校

Ban Buyiban de Zhijiao Mingxiao

陈仕楷 赵 波 卢永辉 主编

◇组稿编辑：李 阳
◇责任编辑：李健宁 江洪波
◇责任校对：张晓芳 邱宬霖
◇出版发行：湖南师范大学出版社
　　　　　　地址/长沙市岳麓山　邮编/410081
　　　　　　电话/0731 - 88873071 88873070 传真/0731 - 88872636
　　　　　　网址/http：//press. hunnu. edu. cn
◇经销：新华书店
◇印刷：湖南雅嘉彩色印刷有限公司
◇开本：710 mm×1000 mm 1/16
◇印张：10. 75
◇字数：200 千字
◇版次：2019 年 12 月第 1 版
◇印次：2019 年 12 月第 1 次印刷
◇书号：ISBN 978 - 7 - 5648 - 3515 - 6
◇定价：58. 00 元

凡购本书，如有缺页、倒页、脱页，由本社发行部调换。
本社购书热线：0731 - 88872256 88872636
投稿热线：0731 - 88872256 13975805626 QQ：1349748847

目　录

理 念 篇

办不一般的职教名校

职业教育是国民教育体系和人力资源开发的重要组成部分，是广大青年打开通往成功成才大门的重要途径，肩负着培养多样化人才、传承技术技能、促进就业创业的重要职责，必须高度重视、加快发展。

——习近平

办不一般的职教名校，这是在中山市沙溪理工学校创建国家改革发展示范校的过程中，广东省教育厅罗伟其厅长提出的期望，也是我们一直以来努力的目标。2012 年 3 月中旬，国家中等职业教育改革发展示范学校建设专题培训班在北京隆重举行，鲁昕副部长在讲话中强调：示范学校要改革培养模式、教学模式、办学模式和评价模式，创新教育内容，加强队伍建设，完善内部管理，将示范校建成全国中等职业教育深化改革、加快发展、提高质量、办出特色的示范。这次培训让我们再次坚定了前行的方向，那就是——办不一般的职教名校！

中山市沙溪理工学校于 1991 年建成，从最初只有两个教学班，到 1996 年荣膺首批"国家级重点中等职业学校"以来，依托和服务当地社会经济，坚持改革创新、内涵发展、质量立校；2011 年被国家教育部确定为首批建设的国家中等职业教育改革发展示范学校之一；2013 年，学校高分通过国家中等职业教育改革发展示范校的验收。

一路走来，学校紧贴珠三角区域产业发展及人才需求，打造了服装设计与工艺、汽车运用与维修、会计、工美、电商五个广东省重点建设专业，并创建了"中职沙溪模式——专业对接产业链"，即"专业拓展对接产业链、实训中心对接产业链、专业教学对接产业链"。以服装专业为例,学校紧跟服装产业链的延伸,增设模特、检测专业,建成了产、学、研一体化的中山市休闲服装工程研究开发中心、国家级纺织品质检中心和国家级服装实训基地,吸引了20多位国家级专家、40多名服装设计师来校任教,并与中国纺织科学院、广州美术学院及近百家知名企业开展"全、深、高"的产学研合作,为知名企业开办培训班,如霞湖世家店长班、英仕学生实训专线、丰田精英班、IMI中英合作汽车专业班等。学校主导开发的"变温T恤"在上海世博会上获特许经营,其电商平台也有众多企业进驻,实现了专业建设与产业链的全面融合。

改革创新助推学校内涵发展。学校实行学分制管理、准军事化管理,采取影视教育、素质教育等措施,彰显人性化、社会化、弹性化,被评为"全国科研兴教示范基地""全国电影课示范学校""全国农村成人教育先进学校""中山市师德工作先进集体"。学校新建成了汇聚国家级名家名作的美术馆、充满艺术气息的陶艺馆以及陈列了众多民族工艺品的民族服饰博物馆,与地方政府、企业、行业及高校合作建立中国·沙溪服装创意设计园区,进军社区教育和终生教育的新战场,在校内开办社区教育学院和老年大学等。

质量立校让人才培养的效果立竿见影。办学至今,学校一共产生了四名中山市十杰市民,培养了三万多名既全面又专业,既擅长合作又能独当一面的中高级技能人才和管理人才,他们成为市内各工厂、企业争先聘用的重点对象,每年毕业生就业率均达100%,且每位毕业生均有多份工作可选择,40%的学生还能考入大学继续深造。毕业生中涌现出全国劳动模范、中国好人、中国杰出品牌企业家、中山市十杰市民、广东十佳服装设计师、中山市十杰青年、爱国奉献标兵、抗洪英雄、优秀村官等,被社会评价为"中职教育大有所为、中职学生大有作为"。

长风破浪,云帆直挂。多年以来的不懈追求,全体师生的团结奋进,推动了沙溪理工这条职教航船坚定前行。办不一般的职业教育,也必将付出不一般的努力。中山市沙溪理工学校将继续以大教育的目光与胸怀,以和谐发展的高度与广度，以幸福职教文化的信念和追求，不断吸收中华民族乃至世界文化的优质成分，博采众长以滋养新时代的职业技能人才。

 **特色解读**

办学理念

沙溪理工学校成立之初，是一所镇办的中等职业学校，学生差别很大，学习基础比较薄弱，很多学生都是经过几轮筛选之后，不得已进入职业学校的。他们中大部分人缺乏自信和理想，没有人生目标和职业规划；也有一部分人因家庭情况，走入中职学校，希望能够学得一技之长，来改变家庭现状。

沙溪理工学校以职业教育为依托，给每一个沙溪理工学子以追求未来幸福生活的可能。学校面向市场，以就业为导向，教会学生如何做人，形成良好的道德品质和行为规范；教学生学好技能，让他们能够在未来的生活中，创造自己的幸福生活。

靠良好的品行赢得社会的尊重，靠精湛的技能创造幸福的生活。每一个沙溪理工的学子，心中要记住：改变自己的命运，一定要依靠自己的努力，只有自强不息，才有个人的幸福未来和社会的和谐发展。

让教育回归本质

　　教育的本质意味着：一棵树摇动一棵树，一朵云推动一朵云，一个灵魂唤醒一个灵魂。

——雅斯贝尔斯

　　教育的本质是什么？鲁迅认为："教育是要立人。"蔡元培认为："教育是帮助被教育的人，给他能发展自己的能力，完成他的人格，于人类文化上能尽一分子的责任；不是把被教育的人造成一种特别器具。"顾明远在《也谈"教育是什么"》一文中指出："为什么现在又提出'教育是什么'的问题呢？问题出在我们在教育实践中没有认真地贯彻教育方针，偏离了我们预定的教育目的，或者叫做教育目的的失落。"这些问题，直接造成了学生精神的变形、萎缩、丧失，是目前教育中诸多问题的根本原因之所在。

　　中国教育学会副会长朱永新认为，教育的本质就是培养人的活动，把一个生物学意义上的人逐步变成社会学意义上的人；把一个相对无知、相对无能的人培养成有知识、有能力，能够适应社会的人。他认为教育的理想状态就是"过一种幸福完整的教育生活"。在这种状态中，第一，教育的过程应该是幸福的，从校长到老师、从父母到孩子，大家都能够享受教育的过程、享受学习的过程、享受合作和探索的过程。那么，在这个过程中，教育就会充满挑战和愉悦。第二，百花齐放，孩子不要和别人比，而要和自己比。不断地超越自我，才能不断地让自我有更好的成长。这样一来，整个教育就充满着生机和活力。

　　归根结底，所谓教育，就是培养人的社会实践活动，是教育者通过有目的、有计划、有组织的德育、智育、体育、美育，把受教育者培养成为身心两方面都健康发展并适应一定社会需要的人的社会实践活动；通过创设一定条件，增进人的知识和技能，开发人的潜能，发挥人的价值的活动。一句话，教育的本质是"成人"，是促进"人"的自我完善和全面发展。

当然，理想的状态就是如朱永新副会长所说的"过一种幸福完整的教育生活"，这种说法与我们的教育理念不谋而合，在沙溪理工学校二十几年的历史中，我们始终坚守一个信念——办幸福的职业教育！这是沙溪理工人的共同追求，它凝聚着全体教师对教育使命的深入理解、对职教规律的深刻认识、对产业需求的深度把握和对未来发展的深远追求。要让教育幸福起来，首先，得让教育回归本真——以人为本。因此，我们的教育既遵循科学规律，又充满个性，简朴而不简单，彰显而不张扬。

在这样的教育环境中，将"让学生学会做人、学好技能，为学生幸福而有意义的一生打下良好的基础"作为我们的育人理念。让学生摆脱初中阶段的挫败感，重建自信，自强自立；培养学生成人成才，让学生能够靠优秀的技能去创造幸福的生活，靠良好的品德去赢得社会的尊重，把弱势群体转变成强势群体，让越来越多的外来工子弟带着技能融入城市，让一代代年轻人凭借实力创造事业，让无数家庭因为子女有成而更加稳固富裕，让当地企业因为人才充足而从容应对竞争。这是我们职教工作者坚守初心的动力所在，也是我们职业教育发展的动力所在。

我们认为，真正的教育绝对不是只关心孩子的成绩，关心孩子能考上什么样的学校，或一味地向孩子灌输各类知识，使其成为学习的工具。真正的教育是要让孩子得到充分的、自由的、全面的发展，使其能够对自身存在的尊严、价值、意义、幸福等产生觉悟，并自觉而执着地予以追求和维护。在我们的共识中，职业教育的根本意义在于尊重人、关爱人、培养人、发展人，即以人为本。是的，我们认为，只有幸福的教育才是最好的教育，只有不断提升人的幸福感，才是教育的终极使命。而教育的出发点和落脚点是人，教育的根本在于维护人的尊严、肯定和提升人的价值。

为让学生拥有幸福而有意义的人生，我们坚持以文化人，以德育人，培养阳光自信，善于合作，能够知恩图报，能够感受幸福、创造幸福的学生，让他们懂得诚信敬业是自身发展的根本，懂得社会责任是大众生活的保证。

不忘初心，方得始终。在沙溪理工学校，我们提出以人为本的素质教育和内涵发展，希望我们的教师能够秉承教育工作者的责任和良知，释放出自己所有的光芒，争取照亮和温暖每一个孩子，对每一个孩子都产生积极的影响。

特色解读

专业对接产业链　教育对接价值链

沙溪理工学校"专业对接产业链"人才培养模式包括："专业教学对接产业链""专业拓展对接产业链""实训基地对接产业链"。

如果说"专业对接产业链"的目标是培养学生的技能或者才能，那么"教育对接价值链"培养的就是学生的人品与道德修养。我们认为，一个中职学生，从走进中职学校，到毕业离开，其间所接受的教育，就是学生个体价值增量的总和，学生增值的每一个环节，都构成学校教育的价值链，我们称之为"教育价值链"。

沙溪理工学校的"教育对接价值链"体现为职教观、德育观、人才观三个方面，具体为："办学理念对接价值链""培养方式对接价值链""培养目标对接价值链"。

为幸福人生奠基

> 理想的教育是：培养真正的人，让每一个自己培养出来的人都能幸福地度过一生，这就是教育应该追求的恒久性、终极性价值。
>
> ——苏霍姆林斯基

让教育充满幸福，这是一种责任；让幸福回归教育，更是一种境界。只有幸福的教育才是最好的教育，而教育是为人的，教育的根本在于维护人的尊严、肯定和提升人的价值，只有不断提升人的幸福感，才是教育的终极使命。

俄国著名教育家乌申斯基说过："教育的主要目的在于使学生获得幸福，不能为任何不相干的利益而牺牲这种幸福，这一点当然是毋庸置疑的。"诚然，幸福之于我们，是理想，更是现实；是追求，更是拥有。沙溪理工作为一所镇办的中职学校，起点不高，资源有限。这些年来，我们始终坚持让学生以成为沙溪理工学子而自豪，以成为社会有用人才而幸福。可以说，办幸福的职业教育成为一条凝聚人心的纽带，把我们内部成员和社会朋友温暖而有力地联结在一起。

正如大家所想到的，办幸福的职业教育并非一件容易的事情，这些年来，我们坚持以人为本为核心、以文化人为高度、以德育人为途径和以质立校为保障，主要从文化立校、制度立校、特色立校三个方面着手。

一、文化立校，让学生得到尊重与激励

佛家有句名言：识自本心，见自本性。意思是认识众生与生俱来的真心

本性，就能产生理解和包容，容易找到自己化解烦恼和安身立命的方法。这也能为学生成人成才、教师成长发展提供启示：如果教师能够理解这样的道理，就能看到学生本性中的善良和纯真、疑惑和无助，把职教事业看做是"吃苦修行，积德行善"的事业，自然而然就会理解和包容学生，热爱职教事业。我们时常和老师们说：对于一个班主任来说，一个学生只是几十分之一，但是对于一个家庭来说，一个孩子却意味着百分之百。我们的一个眼神、一句话、一种观点，都可能在他们的内心掀起巨大的波澜，这就客观上要求教育手段要有多样性和多元化，而激励、引导与信任，并辅之以严格的要求就成为教书育人的关键。

在现实困难面前，沙溪理工人学会了正视，学会了承担。每个学年新生入学的时候，我们都有一种兴奋又紧张的感觉。兴奋是因为我们的招生越来越多了，说明家长和社会更加认可我们的办学成效；紧张，是因为感觉责任重大。这些学生，一部分在小学、初中的成绩不尽理想，一度受到冷落和歧视，不时表露出来的自卑、冷漠和自暴自弃，像一根根刺，扎得我们老师坐立不安。这样的学生如果得不到及时的帮助和正确的引导，就会伤己累人、困扰家庭，职业教育作为未成年人进入社会的最后一道关口就会失守。

我们更加清楚，培养一名优秀的中职生和培养一名优秀的大学生同样重要，前者甚至更为迫切。就读中职学校的学生，正处在自信心、价值观、家庭观形成的关键阶段，一部分学生还同时面临着学业挫折和家庭经济条件不乐观的困难，有的学生还来自单亲和外来务工家庭，他们需要在学习上找到更合适的方式，希望通过读中职学校学得一技之长，尽早自强自立。因此，中职学校的学生心理压力和家庭压力较大，他们更需要社会的认可和帮助，以促成他们获得自信和能力。实践告诉我们：一位中职生成才就业，就能实现一个家庭脱贫；一个地区的中职生学有所用，就能夯实当地经济社会发展的基础；数以千万计的中职生获得有用技能，就意味着社会原本的弱势和负担正在成为新生的建设力量。

因此，我们老师就要坚持把职业教育当做功德事业来做，让学生摆脱初中学习的挫败感，重建自信，自强自立，靠优秀的技能去创造幸福的生活，靠良好的品德去赢得社会的尊重。

怎样培养出优秀的中职生呢？我们选择了文化育人。上善若水，文化就是水。作为一所中职学校，我们一度缺乏自信，觉得文化是我们的弱势，文化建设困难重重。在经过多年的探索和实践后，我们更加明确，文化的熏陶对学生的人格塑造至关重要，直接关系职业教育的办学质量和可持续发展能力，学校应当注重培养英才文化和注重英才文化的训练。因此，我们首先明确了沙溪理工人精神文化的基本内涵，融汇了我们全体师生的精神信念和价值取向，包括："自强不息，和谐发展"的校训；"求真、务实、崇善、尚美、博爱、和谐"的校风；"学校以育人为本，教师以敬业为乐，学生以成才为志"的工作方针；"专业对接产业链""教育对接价值链"的办学模式；"让学生学会做人，学好技能，为学生幸福而有意义的一生打下良好基础"的办学理念；"有为才有位，有位更要有为"的教师团队精神。

在精神文化的引领下，我们推行了灵活多元的"学分制"，设立了学生综合素质评估机制，并增加相应学分，鼓励学生积极参加学校的社团活动、踊跃投身各种创新活动和社会实践。我们开设了龙狮队、管乐团等 30 多支业余活动小组和各种特色鲜明的社团，为学生创建发展个性、增长才艺的全方位成长环境。每个学年都开展的校园文化节、国庆百歌卡拉 OK 大赛、社团汇演、五四文化节活动、爱心教育活动、民俗艺术活动、管乐队活动、课间名曲欣赏、时装表演等活动，融入了爱国主义、集体主义、文明礼仪、环保卫生、社会公德、传统文化、先进文化、优雅文化以及现代文明等全方位的教育，为学生提供了习得和展现才艺、表现及发展个性的平台，让他们的才华得到淋漓尽致的发挥，能够成为校园歌星、礼仪之星、文明之星等，极大地满足了学生求新、求异、求优的多元化精神文化需求，学生的文化品位、艺术修养、政治素养和人文素质得到不断提升。

文化建设使我们越来越自信，这不但体现在学生阳光自信的笑容上，体现在教师们敬业乐业的行动中，更体现在学校的专业建设、校企合作和一系列教育教学改革中。通过文化的润滑作用，学校的师生关系、师师关系、生生关系、学校与师生关系、校企关系等更加融洽，这为学校营造了良好的内外发展环境。

二、制度立校，让每个人都有希望抓到彩虹的一角

学校是一个大家庭，是老、中、青、少代际形成的一个社会生态共同体。要想这个生态体自然、健康地运转，就要承认每个人身份的合理性和有用性。正如一首歌所唱的：每个梦想都值得灌溉，每种色彩都应该盛开，每一个人都有权利期待。作为学校的领导，治理学校最大的责任就是要尽可能地时时处处体现平等和公平。公平的制度多了，平等的氛围形成了，内部关系更加透明了，大家心里的不满就少了，对工作自然就会尽心尽力。试想，如果每个人都有机会抓到彩虹的一角，是不是大家就会更心平气和地面对狂风暴雨？

一所职业学校的平等，首先体现在专业发展的平等上。也就是说，要让不同专业部的师生同样感受到专业发展的力量和前途。我们学校的特色专业是服装专业，这依托了沙溪的产业特色——当地服装企业多，自然在办学资源和合作机会上占有明显优势。因此，服装专业发展相对比较早，走得比较快，同时也承担着更大的责任，因为外界了解和评价沙溪理工学校的办学质量，很多都是看服装专业的影响力。同时，我们也非常重视其他如汽车、财经、工艺美术和计算机等专业，并大力建设专业文化。在校企合作上，我们尽可能地进行专业间的资源整合，如让服装专业和计算机专业合作开展电子商务专业实训和校企合作；工艺美术专业和计算机专业合作开展动漫设计专业实训。专业之间的课程设计可以交互，一些课程可以成为其他专业的公共课或选修课。五个专业间的利益相连，像五个手指头，紧紧握成沙溪理工学校突破阻碍的大拳头。今天我们学校的五个专业全部成为广东省重点专业，这在全省中职学校也是首屈一指的。

一所职业学校的平等，还体现在每个教师的成长机会上。没有幸福的教师，就没有幸福的教育。教师的职业幸福有三种源泉：一是得天下英才而教育之的快乐；二是探索求解未知之谜的快乐；三是受到平等尊重、得到充分成长的快乐。这三种快乐，不仅能够给教师职业生活带来快乐和幸福，更能

够不断提高教师职业能力和素养。

校长和教师是合作发展的关系，是你离不开我、我也离不开你的关系。因此，我们倡导"有为才有位，有位更要有为"的教师团队精神，形成"以学校为家、以工作为乐、以学习为本、以奉献为荣"的行政班子，并创造各种机会让教师学习先进职教文化和企业文化。近五年来，我们已经派出19 名优秀教师到新加坡、德国、意大利等国家学习先进的职教经验，数十名教师参加国家级骨干教师培训，两百多名教师参加省级骨干教师培训，每年都安排教师到企业顶岗实训，他们甚至成为企业的技术骨干，同时享受企业和学校的职员待遇。

为了平等合作的氛围更持久，我们在绩效考核中注重引入质量文化，将中山市中等职业学校教育教学质量评价的标准作为工作评价标准，制定和完善了《中山市沙溪理工学校教育教学质量评价方案》《教学管理制度》《实习室管理制度》等大小制度数十项，一系列教学管理制度的完善，构建了一个科学、公开、健康的激励机制，让教师在阳光下发展进步。

三、特色立校，让学生有能力创造幸福而有意义的生活

一直以来，我们都把校企合作当作学校发展的特色和重心来抓。然而，职业教育校企合作至今还面临这样的困惑：要么是企业因看不上学校的育人质量而不热衷合作，要么是学校因看不惯企业的急功近利而不主动服务，这导致校企合作难以水乳交融。在长期不断的实践和探索中，我们发现，要把校企合作搞好，首先要互相明确对方需要什么。学校的目的在于育人，企业的目的在于创造利润，只有真正理解和平衡这两者，校企合作才能你情我愿，同心协力。在明确双方目标后，我们主动提供场室，邀请企业把生产设备、技术精英长驻学校，允许其按照生产实际进行运作，让师生使用企业的机械设备和管理资源，把越来越多的学生培养成设计师和高技能人才。如EK 服饰产品设计开发部在校内开设的服装高级板房车间，每一位企业设计师都要负责带领六名学生，设计总监则更多，让学生做设计师的"助手"，亲身参与设计和制版，真刀真枪地锻炼自身的设计才能，甚至成为创意设计

的重要促成者。

久而久之，一家企业尝到了"甜头"，就帮忙牵线其他有实力的企业进驻，形成"产业链"。企业开设了沙溪理工学生实训专线，如英仕婚纱晚礼服学生实训专线等，分批接纳学生到厂实训实习，形成良性互动。目前，沙溪理工已经建成了中央财政支持建设的服装专业实训基地，打造了中纺院深圳测试中心中山站、中纺标 CTTC 中山检测中心，承办了服务当地经济转型升级的中山市休闲服装工程研究开发中心，组建了企业设计师云集的中山市服装设计师协会，并与 20 多家企业合作，将企业生产线、名师工作室、电子商务平台引进校园，形成了涵盖产、学、研、检、展、销等产业环节的校内实训基地，研发了亚麻系列服饰、世博温差变色 T 恤、中小学生校服等深受欢迎的服装产品，真正实现了"专业对接产业链""教育对接价值链"。

我们在中职教育这片沃土上，坚守尊重人、关爱人、培养人、发展人，即以人为本的教育思想，以办幸福的职业教育作为追求的目标，致力于让师生在充分享有幸福生活的同时，懂得感恩，学会主动地创造幸福，也希望在幸福理念的影响下，越来越多的人能够感受到幸福，进而创造幸福。

历经多年的建设与发展，我们创造了环境优雅、氛围和谐、设施先进、制度科学、功能完备的高品质学校育人环境，也希望在今后，学校能够继续得到政府的大力支持，联合企事业单位、社区及其他社会力量，共同开展幸福的职业教育工作，并最大限度地挖掘其育人及服务社会的功能，大力推广，使其影响力辐射全国，更好地发挥国家示范作用。

古人说：成己为人，成人达己。一路走来，我们是幸福的，因为我们所从事的是让他人和自我共同受益的职业教育。接下来，办幸福的职业教育，将是我们要攀越的另一座高峰。

要有自己的信仰

丹麦哲学家克尔凯郭尔认为，人生有三阶段：一是审美阶段，仅仅获得人生感官的需求；二是道德阶段，体验善恶、苦乐，追求善良、正直、节制的生活，仅此只是个"好人"；三是信仰阶段，有了信仰，会超脱世俗、物质束缚，利他助人、奉献社会。我们应当选准坐标，不断学习，超越自我，努力达到完善境界。

信仰是人们对某种终极价值或理想的认同、皈依，是人的精神支柱和外显行为准则。信仰是一种强烈而执着的笃定，可以反映出一个人的世界观、人生观和价值观。有人说，信仰就是相信有一种东西，比生命更重要，值得我们为之活着、为之奋斗，甚至为之牺牲。这种东西像航标一样指引我们前进，像日月星辰一样照亮我们的人生，我们相信且仰望它，故而称为信仰。信仰可能摸不着，看不见，却是我们心中最坚定的信念，是支撑我们继续前行的动力源泉。有信仰的人，心中有所敬畏，言行便有所约束；而当一个人、一个社会信仰缺失、价值观念混乱，严重的后果则是道德沦丧和极度的自私、虚伪、残暴。因此说"一个没有信仰的民族是可怕的，一个没有信仰的人则是可悲的"。

树立崇高的信仰，并不断校正和引领着价值观的正确方向，是每一个社会人所应执着追求的。在教育中，我们要帮助学生树立正确的人生信仰，同时也要坚守自己的信仰。

一、教师要有良好的教育信仰

每个国家和民族都有自己的精神，同样，教育也离不开精神的支撑。教育精神是教育的灵魂，是人的精神和教育本质力量的体现。在学校发展中，我们不断锤炼、融汇了全体师生的精神信念和价值取向，形成包括："自强不息，和谐发展"的校训；"求真、务实、崇善、尚美、博爱、和谐"的校风；"德能兼备，爱生敬业"的教风；"乐于学习，精于技艺，勤于思考，重于实践"的学风；"以人为本，以德为先，以文化人，以质立校"的治校方略；"学校以育人为本，教师以敬业为乐，学生以成才为志"的工作方针；"专业对接产业链"、"教育对接价值链"的办学模式；"让学生学会做人，学好技能，为学生幸福而有意义的一生打下良好基础"的办学理念；"有为才有位，有位更要有为"的教师团队精神在内的一系列精神理念及价值取向，即"沙溪理工人精神"。

这种精神如同指路明灯，指引着老师形成高尚的价值取向，形成他们工作中的教育信仰。这种教育信仰是他们在对自己所从事的职业有了一定认识的基础上形成的，对教育活动促进个体和社会发展价值的极度尊重和信服，并以之为教育行为准则的一种终极价值追求，是教育活动中教师对人自身和对教育的信仰统一。当然，教师的教育信仰涉及教师的职业认同、职业精神、职业情意与职业理想等，既是教育主体活动的内驱力，也是其主体活动的外张力。有无教育信仰，是衡量一位教师优劣的标准之一。教师作为学生的榜样，更应该树立高尚的信仰。

今天，我们常常感慨社会上很多人信仰缺失，道德败坏，做事没有底线，心中无所敬畏。这其实是很可怕的事，但更可怕的是教师也无所敬畏。担负着教育下一代的责任，如果教师都没有敬畏之心、羞耻之心、感恩之心，如何能让学生平心静气，与人为和，与人为善呢？做教育的人，吃的是良心饭，要对得起国家，对得起社会，更要对得起学生。因此，我们要有崇高的信仰，要有大局意识，不能只顾个人利益。

中职教师的教育信仰以培养高素质的适用型技能人才为主，并在教育实践中形成对中职教育实践活动终极价值的确信与崇敬，并将其作为自身的教育实践准则。

中职教师的教育信仰具有引领功能，能够引导教师形成科学的教育观，帮助教师找到职业的幸福感。

从形成科学教育观的角度看：

（一）以人为本，形成以学生全面发展为本的教育观

职业教育侧重对学生专业技能的培养，这容易导致忽略学生道德素养和人格发展的后果。中职生相对于普高学生来讲，在纪律方面相对散漫，自我要求较低，家长甚至老师对学生的期望值并不高，这导致迟到早退、逃学旷课的现象时有发生，也导致学生自暴自弃，不思进取，对前途产生迷茫、失望等情绪，这些问题都需要教师及时正确的引导。科学的教育观会引领中职教师关注学生的全面发展，既包括对学生的专业知识、专业技能的学习负责，也要对学生思想道德、文化修养等方面的提升负责。简而言之，要对学生的成人、成才负责，但有时候，中职生的成人更为重要。

（二）大局着眼，形成积极服务社会的使命观

首先，中职教育的使命就是为社会培养高素质的适用型技能人才，中职教师更要注重言传身教，注重对学生情感、态度，特别是价值观的培养，帮助学生在学好专业知识和技能的基础上，让他们真正掌握一技之长，能够成为社会的有用之才，能够回馈社会、服务社会。其次，教师本人也要有服务社会的意识，以一种服务的心态，为学生服务、为学校服务、为社会服务。

从教师的职业幸福感来讲：

"双师型"是当前中职教师的显著特点，也是一些学校对教师的专业要求，这也让中职教师多了一些职业责任感，它要求教师既要能胜任教学工作，又要有过硬的专业技术。也就是我们常说的：拿起课本能讲，挽起袖子能干。但毋庸讳言，中职教师的社会地位、职业声望和报酬都不高，而社会和家长对其职业要求却越来越高，所以促使中职教师选择该职业的常常不是物质因素，而是教师本身的内在精神支撑。

首先，教育信仰直接影响教师的育人态度。正确的教育信仰让教师的育人目标指向培养学生全面发展，而不是仅将教书育人当做一种养家糊口的手段。这样，教师更能以高度的责任心、合理的态度面对学生，关注学生未来的发展，在教学中不断发现学生的需求、自身的不足，进而提升自身专业能力，更好地为学生服务；反之，没有正确的教育信仰则会使教师缺乏目标或者目标短浅、功利心强，既不利于学生进步，也不利于教师自身成长。

其次，教育信仰也会影响教师的工作积极性。科学而正确的教育信仰能引导教师产生良好的工作动机，提高工作的积极性。反之，不良的教育信仰容易导致教师丧失进取心，工作消极，甚至产生职业倦怠。因此说，正确、合理的教育信仰能促使教师不断提升自身的职业素质，不断学习专业知识、专业技能，在良好的工作动机的促使下，既帮助教师有效应对工作中的困难与挫折、克服职业倦怠，又帮助教师实现自身的专业发展。

最后，良好的教育信仰是教师幸福感的来源。我们深信，没有幸福的教师，就没有幸福的教育。那么教师的职业幸福感来源于什么？有人说来自收入，有人说来自职称，有人说来自领导和同事的认可，有人说来自学生和家长的尊重……其实这些可能都会影响到教师职业幸福感的指数，但我们认为，教师更多的职业幸福感来自教师自身价值的实现。我们经常听到一些教师说最大的幸福莫过于看到学生有好的前途。所以，我们的教师中有人会放弃休息时间去指导学生竞赛，有人会骑自行车走几十里的乡村土路去家访，有人为了不让学生失学，帮助学生垫付学费……他们看重的不是工资待遇和社会地位，而是学生今后的发展以及自身价值追求的实现。

我们一直认为，真正幸福的人，是懂得感恩的人，是知道珍惜的人。对于我们的老师而言，幸福不是惊天动地的壮举，而是一点一滴的积累；幸福不是夸夸其谈的炫耀，而是发自内心的感受。只有老师们懂得了幸福的真谛，他们才能在工作中，用爱诠释教育，用智慧引领成长。

二、帮助学生树立个人职业信仰

中职生是一个特殊的受教育群体，相对于普高生来讲，他们多是缺乏努力或者不爱学习的学生，在生活或学习中表现得比较散漫，缺乏纪律意识和自我约束能力。同时他们在高中阶段就接受职业技术教育，为更早地投入社会岗位做准备，他们中很大一部分人缺乏基本的职业道德观，不能适应企业和社会的岗位需求。因此，他们在生活态度或工作导向方面更需要教师及时、正确的引导，更需要教师帮助他们树立起正确的职业信仰。

（一）引导学生形成正确的人生观、价值观和职业观

中职生大多为未成年人，他们的价值观和人生观正处于形成期，许多学生对未来想要从事什么职业都表示非常迷茫，对大多数职业的基本情况并不了解，也谈不上奉献和服务等精神的形成。可以说，中职生的职业认知并不清晰。因此，我们要对学生进行职业信仰教育，帮助学生形成正确的人生观、价值观和职业观，帮助学生做好自己的职业生涯设计，使其最终能够顺利地完成从"学校人"向"职业人"的转变。

（二）帮助学生适应社会企业的要求，促进学生就业

随着时代的发展，社会和企业对人才的要求也在不断提升，企业不再只注重员工的专业技能，而是逐渐注重人才的综合素养，在一定程度上对中职毕业生的要求也有所提高。企业更加注重人才对企业的忠诚度以及良好的职业道德品质，他们认为专业技能可以后期培养，但是员工的职业信仰则难以在短时期内形成。因此，学校对中职生的职业信仰教育顺应了当代企业的用人理念。

有信仰才能坚持不懈，才能成就梦想。在我们的教育生涯中也见过许多有梦想、有追求的学生，他们最终都通过自己的努力实现了理想，创造出美好的生活，更开拓了出彩的人生。

【案例】

美的信仰，让理想之花绽放

逆境随之而来的是机遇，坚持是通向成功的单行道。

——陈雅洁

陈雅洁，1974 年出生于广东中山，其祖父开设灯饰手工艺制作坊，父亲是一名出色的建筑工程师。俗话说："家风是第一所学校。"在这样的艺术家庭熏陶下，陈雅洁自幼喜欢舞蹈、绘画、书法，尤其深爱舞蹈，她最初的理想是当一名出色的舞蹈家。不料八岁时的一场意外，让她失去旋转二舞台的机会，但她那童稚的内心却长出了新的翅膀，从此开始让梦想飞向另一个"舞台"。过早承受挫折让陈雅洁更加渴求美好的人生，更加执着地追求艺术。在父亲的耐心开导下，她养成了乐观、自信和坚强的性格，学会坚持和努力，尤其专注于绘画学习，小学至初中期间就获得不少奖项，已经小有名气，其审美天赋和创作能力开始崭露头角。

1992 年，陈雅洁入读中山市沙溪理工学校，由此踏上了她人生中最重要的转折点。当时，刚创立一年多的沙溪理工学校和陈雅洁一样年轻而执着，它以沙溪镇服装产业经济为依托，探索出鲜明的"立交桥"办学特色，不遗余力地传播国际先进的服饰资讯和设计理念。陈雅洁的梦想，和沙溪理工的幸运，从此结合在了一起。

入学后，陈雅洁选择了服装设计专业，走进了真实的"梦工厂"。那时候的服装设计全部靠手绘，从效果图、平面图到样品制作，都需要她一一完成，这早已经突破了年少时的"绘画作品"，而是对她全身心的考验。陈雅洁却乐此不疲，在老师的眼中，她总是那样的勤奋、虔诚又带点倔强。在老师的教导和启发下，陈雅洁深知，绘画基础和绘画能力只是服装设计师的基本技能之一，而"设计的目的是人而不是产品"，服装是人体的外部覆盖物，与人体有着密切的关系，作为设计师只有对人体比例结构有准确、全面的认识，才能更好地、立体地表达人体之美。凭着自己的艺术天赋与努力学习，陈雅洁很快脱颖而出——1992 年获得中山市青年服装设计大赛一等奖，1994 年获得中山市沙溪镇知识技能大赛（服装设计制作）冠军，1994 年获得中山市第三届青年知识技能大赛（服装设计制作）亚军。

在荣誉面前，陈雅洁却觉得做服装要更深入地发展，不仅仅把它当成一个谋生的饭碗，更应看作一种事业来追求和热爱。"热爱"这个词其实一点都不过分，只有全身心地投入，努力地去付出，才能最终获得丰厚的回报。同时，她也认识到光有专业技能还不够，所以在职中毕业后很多同学都选择就业时，她却选择继续求学。

1995 年，陈雅洁考入广州美术学院装潢艺术设计专业。就读期间，她专业成绩优秀，许多作品被院校收藏或出版，这让她更加肯定自己的选择是正确的。

创作与艺术是不可分的，一个专业的服装设计师更需要全面的专业知识，才能使自己的设计建立在一个可以付诸实践的平台上。大学毕业后，陈雅洁先后在三家企业从事服装设计工作，她在每一件作品中都融入了艺术和情感。她觉得，能做出有欣赏价值的东西对于设计师来说是一种满足，对于正在欣赏的人来说也是一种满足，通过服装这个载体，自己能与别人达到心灵的共鸣。但是一个比较好的设计要和企业经营者在观念和追求方向上达到高度一致，这是很难的。很多企业要求能够立竿见影地看到利润，而不能忍受长期的耕耘，要求她迎合市场以致不能坚持自己的设计，在这种无奈与矛盾中，她选择了创业。

2005 年，陈雅洁与先生高永创立了"果素"女装品牌，两人从起初五六个人的小作坊做起，6 年间他们相扶相携经历了许多艰辛和磨难，经过悉心经营和科学现代化的管理，果素公司已成为服装行业颇具实力与发展潜力的企业，已发展成为拥有二十几家专卖店、一百多人的专业团队。2005 年 4 月陈雅洁第一次受邀接受《生活速递》杂志社的采访，2005 年 5 月又受邀接受《广州电视台》的采访、2005 年 6 月受邀接受《广州日报》的采访、2008 年 8 月受邀接受《广州青年报——精品生活》等多家媒体的采访，让陈雅洁及她的品牌备受关注，同时也给她注入了不断创新的动力。"果素"设计理念立足于本土文化，其发展方向是建立一个立足于国际品牌行列的原创性品牌，这是陈雅洁执着追求的目标。

从"舞蹈家"到服装设计师，从学生妹到企业家，陈雅洁无时无刻不渴望在自己的舞台上发光发亮，当她失去自己亲身演绎的机会，就转而努力让别人穿着自己设计的服装在随处可见的"舞台"上展示自我，通过"成人之美"来实现自己的价值。她在逆境中抓住了机遇，将坚持作为走向成功的单行道，迸发出了成长与追求的强大勇气，更折射出了敢于正视自己、强己所长的难得智慧，成为中职生成长和成功的鲜活榜样。

如陈雅洁这样优秀的学生还有很多，他们能够吃苦，能够坚持，最后能成功，都是因为他们具有信仰或者梦想，这让他们具有坚不可摧的勇气和力量。不过并不是所有的学生都具有坚定的信仰，仍有很多人还处于职业观模糊的状态，对未来的发展全无计划，这就需要我们老师加强引导和教育，帮助他们走向更好的未来。

对中职生进行职业信仰教育，我们认为应该高效利用有限的课堂时间，充分利用学生的课余时间，将职业信仰教育贯穿于整个中职教育过程中。

（一）做好职业生涯规划教育，明确职业意向

帮助中职生做好职业生涯规划设计，有利于他们认清自我，明确未来发展目标，更好地发挥自己的优势，顺利走上工作岗位。

首先，我们知道大部分中职生选择职业学校是无奈之举，他们自身基础薄弱，对专业文化和专业素养所知甚少，对未来发展定位不明确，所以必须先引导他们设定认知目标，并在此基础上重点进行专业知识和职业素养的认知教育，让学生了解专业的学习内容、专业发展方向以及专业所对应的职业岗位和职业素养要求等，帮助学生养成良好的职业行为规范、了解并更好地学习专业知识内容、明确专业发展方向和专业发展要求，完成对自我、专业和职业的认知，达到先普及认知再重点培养、从基础行为养成到专业素养培育的目的。其次，要培养学生的专业情感，让学生热爱自己的专业，进而激发学生提升自身专业知识和专业技能的积极性，形成他们努力学习的驱动力，让他们不断提升自身的职业能力，帮助他们更好地适应工作岗位需求。再次，利用到企业实习实践的机会，让学生能够了解其实习的具体职业岗位与行业内其他岗位的关系、要求、发展方向以及企业文化等情况，帮助学生尽快适应新的职业环境、培养职业能力，能够胜任新的工作任务。若学生在自己理想的工作岗位上适应良好，他们会更积极地挖掘自身的职业发展能力；若发现自己不能适应该职业岗位，就会结合自身实际情况调整自己的理想，选择适合自己的职业作为发展目标，最终实现自己的职业理想。

（二）树立职业道德理念，提升职业素质

当前，企业对中职生的要求不仅停留在专业技能的娴熟上，更注重毕业生的职业素质及道德操守问题。因此，我们在教育过程中更要加强对学生职业道德与职业素质的培养。要在职业导向的基础上，以企业文化为桥梁，将职业信仰、道德操守等思想引入学生的德育实践中，通过学校、社会、企业和家庭四位一体的职业信仰教育，帮助学生在企业实习实践的过程中及时转换角色，完善自我，形成高尚的职业道德观。同时，在培养学生职业素质方面，要注重对学生的职业礼仪、职业心理、职业目标等方面的教育，提升学生的职业适应能力。

（三）在校企合作中深化学生对职业信仰的理解

校企合作、工学结合是职业教育的一大特色，也是帮助中职生提升实操能力、锤炼专业技能、适应工作岗位需求的有效途径。大多数的学生对课堂理论学习兴趣一般，也难以深入理解，他们对自己动手操作更感兴趣。当然，学生最终还是要走入企业，对于他们即将接触的工作来说，企业的实践更具有信服力，更容易对学生产生实质性的影响。因此，学校要积极与企业合作，将企业的管理者或技术人员请进课堂，针对企业的文化和用人理念、专业技术、行业发展动态等方面给学生上课，以深化学生对职业信仰的理解。当然，我们也可以多给学生进企业实践的机会，以学生在职场的亲身实践来提升其职业信仰的高度。

在当今社会，很多人都认为中职生缺乏真正的职业信仰，在择业和就业中看重"经济回报"，轻视"职业使命"、"职业良知"和"职业情感"，把企业更重视的爱岗敬业、诚实守信等职业道德品质放在了次要位置，这导致中职生在择业、就业中一度遭遇到信任危机。我们认为，在当前的社会大环境中，重视中职生的职业信仰教育、培养职业道德品质、提升学生综合素养尤为重要。"让学生学会做人，学好技能，为学生幸福而有意义的一生打下良好基础"是我们的育人理念，其中"学会做人"是首要环节。让学生通过自己的努力，靠优秀的技能创造幸福生活，靠良好的品德赢得社会的尊重，才是学生成人成才之根本。

特色解读

中国·沙溪休闲服装创意园

中国·沙溪休闲服装创意园是沙溪镇从文化创意到增强品牌价值的延伸，结合"政产学研用"的方式，以提升服装产业核心竞争力、加快产业转型升级的综合服务平台为目标，并打造成为重要的职业教育产学研教学平台。

园区内目前已拥有"一个基地，三个中心"，即：国家级服装专业教学实训基地、与中国纺织科学研究院共建的纺织品检测中心、中山市休闲服装工程研究开发中心及服装电子商务营运中心，配备有一站式现代化服装生产车间，数字化印花、绣花生产线，高新技术实用性强的各种服装生产设备和设施，为当地产业发展提供科技服务和人才支撑，做出了突出贡献。

随着建设的不断完善，中山市沙溪理工学校提供师资力量、中山市沙溪镇休闲服装工程研究开发中心提供技术支持，建成服装电子商务、服装设计开发和营销、服装表演和展示、服装文化推广等一系列场地设施，引入设计类、电子商务类、服装文化传播和创意类、品牌类、技术创新型等多类别企业进驻园区，为职业教育寻求办学机制的突破。

后期，园区将把科研院所、中高职校、高校、名企、服装设计师等汇聚在一起，建成集产品设计开发、生产、检测、贸易、商务、人才培养培训、工业旅游等功能于一体，较完善的先进产业服务平台，把"沙溪制造"变成"沙溪智造"，推进沙溪镇传统服装产业的转型升级。

承担相应的社会责任

教育是提高人民综合素质、促进人的全面发展的重要途径，是民族振兴、社会进步的重要基石，是对中华民族伟大复兴具有决定性意义的事业。

——习近平

社会责任是指一个人对他人、对社会所承担的职责、任务和使命。也就是说，作为社会的一员，应自觉地尽可能多地为社会创造财富，满足社会和谐发展的需要；无论处在何种角色，其言行都要维护社会利益并推动社会的整体发展。社会责任反映的是个体与社会的关系，其价值取向是社会的整体利益。社会责任是一个人生存及发展的必要条件。

肖川教授在《教育的方向与方法》中提到教育的社会责任："教育具有维护社会稳定，并进而减少愚昧、迷信、贫困、暴力、犯罪、压迫、不平等、不公正等现象，从而促进社会的繁荣和发展的功能。如果没有基本的读写能力，社会下层民众表达自身需要和参与政治的能力将受到严重的局限，这将直接给他们带来不安全，因为不能充分有效地表达自我的利益诉求，在政治上声音的丧失将严重地削减他们的影响力和获得公正待遇的可能性。"

中等职业教育是现代国民教育体系的重要组成部分。加快发展现代职业教育，培养大批适用型技能人才，是落实国家科教兴国战略和人才强国战略的战略决策；是促进经济发展、推进解决"三农"问题、建设社会主义新农村、走新型工业化道路、建设专业化城镇、促进就业和再就业的重大举措；是全面提高国民素质，维护社会稳定，把我国巨大的人口压力转化为人力资源优势，构建和谐社会的重要阵地。我们清醒地认识到，全面推进素质教育，为行业企业输送优秀人才，为社会培养有用人才，是职业教育义不容辞的职责，更是中职学校的立校之本。

时代的需求和社会的发展告诉我们，中等职业教育必须承担相应的社会责任，这是职业教育本身内蕴的目的性所规定的价值诉求和应然结论。目前，国家和社会重视职业教育发展的共识和认可度都在不断提高，职业教育与经济发展、民生大计的关系日益密切。但中等职业教育还不能很好地适应国家经济社会发展和满足人民群众接受高质量职业教育的要求，不能完全适应国家工业化进程和满足人力资源强国建设对高素质技能型人才培养的要求。学生对自身应有的社会责任认知不强，履行不够，这就需要我们加强社会责任的教育，构建职业教育的社会责任理念。

一、明确办学使命，加强社会责任认知

中等职业教育必须时刻关注国家的需求、行业的发展以及企业和社会的需求，要以前瞻性的眼光做出正确的判断和选择，能够做到真正履行社会责任，明确自身的办学使命，走向正确的发展方向；能够直面各种困难和问题，发现和把握机遇，最终引领社会的需求。

二、明确社会责任的内涵，把握核心社会责任

职业教育的社会责任的内涵是通过具有社会性的专业知识和专业技能的教育，培养社会所需要的有责任感的高素质技能型人才，更好地为地方经济和产业服务，引领区域经济发展。中职教育核心的社会责任就是以市场和就业为导向，培养社会需要的具有专门技能的、有责任感的高素质适用型人才，同时要保证人才的质量。

中职教育应坚持职业性、实践性的特征，不断深化教育教学改革，加强"双师型"教师队伍建设，提高人才培养质量与特色。这些质量标准至少应该包括：毕业生进入社会和劳动力市场的质量，学生的职业道德和社会责任，课程适应社会需求和变化的灵活性和适用性，教师的资格和教学质量，教学得

以顺利开展的物质和基础设施情况，对学生的支持和服务体系是否完善，等等。

三、认清形势，担负起为地方经济发展服务的责任

《国家中长期教育改革和发展规划纲要（2010—2020 年）》明确指出：发展职业教育是推动经济发展、促进就业、改善民生、解决"三农"问题的重要途径，是缓解劳动力供求结构矛盾的关键环节，必须摆在更加突出的位置。优先发展职业教育，推动地方经济建设，这在根本上需要人才的支持。要把加快培养高素质的适用型技能人才作为重点工作，培养出一六批社会需要的符合现代职业需求的高素质劳动者和专业人才，发挥出人力资源的孵化功能。

因此，中等职业学校要根据当地经济发展的特色需求，不断优化专业结构，贴近产业办专业，面向市场育人才，实现专业设置与产业需求的精准对接，在服务地方经济发展中彰显特色。与地方政府、行业企业合作，助力地方培育特色经济、发展配套经济、壮大园区经济、兼顾民营经济，坚持"以服务为宗旨、以就业为导向、以能力为本位"的办学方针，坚持改革和发展并举的道路，不断探索构建技能型培养管理模式，以适应经济和社会发展需要，使服务当地经济建设的特色功能愈加明显。

四、做好职业培训，担负起缓解社会就业压力的责任

提到就业问题，用人单位和就业者都感到有些无奈和尴尬，一边月人单位在喊招工难，一边就业者却在抱怨就业难。而出现这样两难局面的原因是用人单位希望找到高素质的技能型人才，而一些就业者，如农民工、下岗工人的劳动技能比较单一，甚至有些过时，无法满足用人单位较高层次的岗位需求。要解决用人单位招工难与就业者就业难的矛盾，中等职业教育就要担负起职业培训的责任，面向社会下岗再就业人员和农民工开展有针对性的职业能力培训，让他们能够拥有一技之长，才能在社会上拥有立足之地。

我们知道，现代化的建设迫切需要大量的高技能人才和高素质的劳动者。中职学校的门槛低，受教育者不受年龄的限制，这就使大多数人接受中职教

育成为可能。当前，中等职业教育要根据就业市场的发展需要，充分利用现有的职业学校优势资源，并整合社会和企业的资源，改革人才培养模式，改革课程体系，坚持校企合作、工学结合的途径，为我国走新型工业化道路服务，为农村劳动力转移服务，为提高劳动者素质特别是职业能力服务，在缓解就业压力方面为政府分忧解难。

沙溪理工学校利用承办的中山市休闲服装研究开发中心、纺织品检测中心、沙溪镇成人文化技术学校等资源，服务行业企业和社会。其中，纺织品检测中心已经通过国家 CNAS 实验室认证的复评和广东省质监局 CMA 认证；成人学校开展成人高等教育、会计人员上岗证考证培训及继续教育等各类中短期技能培训和学历教育，全面开展完全公益性质的社区教育等各类教育培训，规模达 4264 人。

2016 年，成人学校与中山市电子科技大学合作开办成人业余大专、网络大专，与中山职业技术学院合作开办成人业余服装大专，与中山市广播电视大学合作开办广东开放大学大专，招生共计 932 人；承接沙溪镇财政分局沙溪镇会计人员继续教育的任务，完成 1156 名会计人员的年度继续教育的任务；与镇财政分局联合开办两期会计从业资格考前辅导班；与沙溪镇人社分局合作开办了电子商务、会计等资格认证班 262 人的考前培训。学校全年共为 1914 人开展公益性质的社区教育，包括三期 27 个班共计 1729 名学员的公益性沙溪镇青年社区学院、两期 7 个班共计 185 名学员的沙溪镇老年干部大学培训。

五、扶持弱势群体，担负起维护社会和谐稳定的责任

提起中职生和中职教育，社会上根深蒂固的观念依然是不认同，许多学生也是伴随着批评和歧视长大的。这主要是因为中职生多是普通教育中的学困生，他们大多来自农村，也包括一部分家境不好的城镇学生，甚至一些人的父母离异或是下岗工人、农民工等，社会地位相对低下，因此这些学生被称为"弱势群体"。同时，他们的父母因某些原因对家庭教育重视不够，对孩子成长的关注度不高，把教育的责任完全推给学校，对孩子的学习很少过

问。这些学生由于成长环境不好，学习基础较差，家庭教育缺乏，进入中职后仍然缺乏自信、自制力，甚至一些人直接自暴自弃。这不仅不利于学生自身的成长，也对其他学生，甚至对社会都产生消极影响。如果不能及时有效地加以引导和纠正，他们最终必然会危害社会，成为社会和谐稳定的隐患。从这个角度来说，中职教育与普通教育相比，要担负更多的社会安全责任。

我们在职业教育的过程中，不仅要注重学生的专业知识和专业技能，更要注重学生的德育和情感教育，要组织学生参加各种有益身心的活动，加强心理健康教育，帮助学生重塑自尊自信，学会自立自强，形成积极乐观、豁达向上的良好心态。虽然他们不能通过在普通高中受教育，进而参加高考继续深造，但他们能在职业教育中拓宽视野，打开另一扇通往成功的大门。

综上所述，中等职业教育不仅能缓解就业压力，还可以避免未成年人过早地进入社会，与不法分子混在一起学坏。当然，我们要通过中等职业教育，加强青少年素质教育，培养学生树立正确的人生观、价值观，使他们自觉抵制腐朽颓废思想的侵蚀，远离黄、赌、毒等不良嗜好，将其培养成有理想、有道德的社会有用之才。

中职教育不仅是对学生的各项成绩负责，还要对学生的终身发展和幸福人生负责，我们本着招生一人、成才一人、就业一人、脱贫一家、安定一方的思想，将培养社会需要的技能型人才和维护社会稳定和谐有机结合起来，用知识、智慧和技能武装中职生的头脑，以确保学生的幸福成长、社会的和谐稳定、国家的繁荣昌盛。

从长远的角度看，职业教育承载着重大的社会责任，开办中等职业教育就应该是一个自强不息、和谐发展的过程。职业教育不仅承载着满足社会需求的重任，为各行各业培养高素质劳动者和技能型人才；而且承载着满足个性需求的重任，培养一大批青少年成人成才，成就一个人、一个家庭，甚至全社会的幸福。职业教育的功能不仅是"使无业者有业，使有业者乐业"，还在促进经济发展、改善民生、解决三农问题和缓解劳动力供求结构矛盾等方面，发挥着不可替代的作用。

特色解读

中山市休闲服装工程研究开发中心

在政府的大力支持下，沙溪理工学校得到中山市经贸局、科技局、沙溪镇政府的投资，在中山市纺织服装行业的配合下成立了非营利性行业技术服务机构——中山市休闲服装工程研究开发中心。中心拥有28名较高专业水平和实践经验的中、高级技术人员，实行企业化管理。同时，中心还拥有一批高新技术的制衣、制版、设计、检测、摄影的现代化设备。营业面积达3000平方米，设有服装表演大厅、服装CAD室、服装对内展厅、品牌服装对外展厅、服装CAD电脑培训室、CAPP（服装电脑辅助生产工艺）设计室、版房车间、数控裁床车间、纺织品检测实验室、服装摄影棚等功能场室。

校长的角色定位

学校领导首先是教育思想的领导，其次才是行政领导。

——苏霍姆林斯基

校长是学校的灵魂，一所优秀的学校背后，总有一位出色的校长。学校要谋求发展，成长壮大，校长的作用不言而喻，因为校长是学习者、思想者、研究者和实践者，站在全局的高度，统筹教师、学生的关系以及各项管理制度的制定与实施。随着时代的变化，职业教育也发生着翻天覆地的变化：改革、发展、创新……在这一系列的变化中，校长在一所中职学校的崛起中扮演什么样的角色呢？

一、职业学校的经营者

"学校经营"这一概念是日本学者安藤尧雄提出的，他从学校管理角度考察学校经营，认为学校经营是学校管理的前提。今天，我们认为，中职学校要生存、发展更应该侧重于学校的经营。职业教育为社会主义经济建设服务，所以职业学校的校长很多时候都要用经济的观点审视教育的问题，把经营的理念引入到职业教育管理中，将经济智慧与教育智慧、经济规律与教育规律有机整合。

首先，校长必须要经营好学校的办学理念。一所学校如果没有办学理念就失去了发展的方向和目标，中职学校的校长作为学校的主要负责人，在学校的定位、发展目标的确立、发展战略的选择上负有重要责任。经营好学校的办学理念要求校长做个有思想、有远见的人，因为在很大程度上，校长的思想决定了学校的办学理念，校长的意志决定了学校的办学方向，校长的格局决定了学校的发展高度。随着中职教育与社会经济发展联系日益紧密，职业学校的工作受到社会与经济发展、生产力与生产关系变化的影响越来越深刻，中职学校也越来越深入到经营领域中。校长不能再局限于校园之内，只看到老师的教学和学生的成绩，而要跳出学校，以大格局、大视野来关注经济发展和市场走向，来研究办学方向、办学模式、经费筹措、办学质量等问题。校长经营好办学理念是学校的发展特色，是创办优质教育的重要前提。

其次，校长要经营好学校的品牌特色。"以卓越铸就品牌，以品牌成就示范，以示范领航发展"，这是我们的品牌意识。有人说，品牌意识对职业学校来讲就是专业品牌。学校哪个专业在全国甚至是国际上都有影响力，这就是一种品牌。面对国家和社会对优质教育的需求，打造学校品牌，发展精品专业，形成学校办学特色，实现优质教育社会效益的最大化，这是校长必须苦心经营的。如果一个学校没有特色，如果一个校长没有口碑，那么这个学校的优质教育又从何谈起？职业教育现代化必然要求职业学校的校长素质现代化。只有一个高素质的校长才能去组建高素质的教师队伍，真正实施素质教育、优质教育，办出一所高水平的现代化职业学校。

再次，校长要经营好学校的效益。我们知道，职业教育是根据社会经济需求进行人才培养的活动，在这一活动中，人们更关注人才培养的质量是否合乎社会需要，以及合乎的程度如何。因此说到职业教育的办学效益，要比一些物质生产部门复杂得多。职业学校的效益主要分为经济效益和社会效益。经济效益是职业教育的内在要求，社会效益才是职业学校办学的第一效益。具体来说，从经济效益的角度看，同等资源消耗下，投入越少，产出越多，办学效益越高；从社会效益的角度看，学校培养的人才质量（道德、知识、能力等方面）越高，办学效益越高。同时，学校培养的人才越能够满足和适应社会需求，办学效益越高。从这些方面来讲，中职学校的校长不仅要了解国家大政方针，还要了解社会经济发展对人才的要求，更要主动去适应社会经济发展的要求，要把握好办学投入与产出的比例，认真核算办学的经济成本和收益，进行经营管理，并由此产生自身经济收入，多方面提升学校的经济效益。此外，需要准确把握学校的发展方向，改革人才培养模式和专业课程体系，优化师资队伍建设，强化教师的培养和培训，加强校企合作及实训基地建设，准确预测人才和劳动力市场的需求，为地方经济社会发展培养更多合格的人才。

二、职业学校的形象代言人

有人说，有什么样的校长，就有什么样的学校，校长是学校的形象代言人。这句话非常有道理。职业学校办学特色非常明显，主要依托地方的某些行业产业，校长多是这些行业的专业人士或精英，甚至一些民办职业学校聘请的大多是有一定知名度的教育专家或行业名人，所以，职业学校的校长就是学校的品牌，更是一个学校的形象代言人。

怎样做好这个形象代言人？

首先，要处理好与教师的关系，做到人性化管理。校长和教师的关系，绝对不是支配与服从或老板与下属的关系，而是合作发展的关系，是你离不开我、我也离不开你的关系。校长不是一个职位，而是一个职业，是一个地地道道的服务者的代名词，他服务于学校、服务于师生、服务于社会。因此，校长要经常反思是否做到以教师为中心，真正为教师服务；是否做到真正尊重知识，尊重人才，以教师为本，注重广大教师的主体参与。同时，我们是否做到真正为学生服务，俯首甘为孺子牛；是否全面关心师生的思想、工作、学习、生活，了解他们的需要和困难，尽力帮助他们解决问题。我们知道只有校长的管理得到一致认可，团结起师生队伍，并广泛吸引更多优秀人才，学校的各项工作才能获得最大限度的成功。今天，我们倡导"有为才有位，有位更要有为"的教师团队精神，形成了以"以学校为家、以工作为乐、以学习为本、以奉献为荣"的行政班子，并创造各种机会让教师学习先进职教文化和企业文化。

其次，要不断提升自我，做智慧型校长。校长作为学校的领导者和决策者，必须清醒地认识到作为学校的灵魂人物，校长的影响力并非完全来自自身的权力，更多是校长本身的品质、学识、才能及人格魅力等非权力因素，这就对中职学校的校长提出更高的要求，即增强学者意识，做学习型校长。做学习型校长是时代发展的需要，也是教育改革的需要。校长要认真学习，勤于笔耕，善于反思，勇于实践，把学习融入自己的工作和生活之中，让知识、技能、理念和方法都内化为自身的能力，不断提升自身的素质，能够高瞻远瞩地把握职业教育的走向，能够提炼出先进科学的教育理念和治校方略。此外，校长还要掌握一定政治、经济、法律、社会学、教育管理等方面的知识，并在实践中不断磨炼和增长自己的协调沟通、组织决策、语言表达等领导才能。一名校长，只有锲而不舍地学习，脚踏实地地研究，才会进步；只有深入实际，对日常教学性的工作多思考、多总结，才能掌握规律；只有不断考察、培训、学习，才能把握时代脉搏，不断超越自我，最终成长为智慧型校长。

三、职业教育创新的引领者

在职业教育改革和创新的大潮中，一所职业学校的生命力很大程度上取决于学校的核心竞争力。校长作为学校的引领者和决策者，更要具有较强的创新意识和创新能力，能够认真学习新的教育理论，切实领会新的教育思想、教育理念，能够对学校的过去、现状和未来有清晰而深刻的把握，富有实现学校愿景的责任感和使命感。

校长的教育创新体现在两个方面：第一，思想意识的创新。校长要充分认识到创新对一所学校发展的重要性，成绩面前不自满，开拓路上不止步。同时，校长对国家政策、社会动态、行业发展等要有着深刻的理解，解决问题不拘泥于常规，具有较强的开拓创新意识，总是能通过自己的思想、学识、胸怀和言行来影响别人。创新型校长一般掌握了先进的管理思想和领导方式，处处体现"以人为本"的教育管理理念，善于从新的角度，用新的方法来解决问题。特别是创新型校长能够不断地自我反思、自省自悟，克服原有的思维定式，乐于接受创新，并积极创新。第二，实践行动的创新。思想决定行动，行动关乎成败。一个富有创新思想的校长绝对不会是墨守成规的，学校的各项改革都需要一些新方法、新策略。在瞬息万变的时代，学校要跟上改革的步伐，适应不断变化的局势，不断创新，才不会止步不前。校长要将创新常态化，经常在意识和行为中体现出创新性，带领教师和学生开展教育创新活动，不因胜利而骄纵，不因失利而沉沦。

【案例】

动力回应创新之源

在我国工业化、城镇化进程加快的今天，产业人才短缺成为经济发展的一大瓶颈。肩负重任的职业教育由于观念落后和投入不足，导致活力不够，竞争力不强，吸引力不大，未能发挥出应有的作用，引起了社会各界的广泛关注。沙溪理工自立自强，不等不靠，不畏难，不退缩，不满足，不止步，始终以积极进取的姿态，推陈出新、领异标新、焕然一新。在这里，幸福与职教紧密相连，职教与幸福一脉相承。

1. "产学研一体化" 推陈出新

近几年，沙溪理工坚持从服务企业和社会入手，不仅为行业企业培养了大批合格的人才，而且紧紧依托中国休闲服装名镇——中山市沙溪镇的产业优势，以中山市休闲服装工程研究开发中心为平台，建立起一种崭新的校企合作模式——产、学、研、检、销一体化，将产品研究与开发、产品展示与销售作为学校的重要课题加以研究，并且从低到高，由浅入深，与企业实现了从常规结盟到高端结盟的跨越，将 "产学研一体化" 提升了高度，加强了深度，拓宽了广度。

向高校借力。学校陆续选送教师到德国、新加坡等发达国家学习先进的理念和技能，打造了一支素质过硬、锐意进取、与国际接轨的 "双师型" 教师队伍。同时，学校承办的中山市休闲服装工程研究开发中心与广州美院、湖北美院、重庆师大服装学院、华南农大艺术学院和中国劳动关系学院等建立了产学研合作关系，成为这些高校毕业生的综合实习基地。中心吸引了不少全国著名的服装设计师和知名专家加盟，中国服装设计师协会副主席张肇达，清华大学美术学院染服系主任肖文陵，全国十佳服装设计师王宝元、林姿含、李小燕、邓兆萍、金惠等已受聘成为该专业的客座指导教师，使学校的师资队伍具备了雄厚的实力。

向企业借力。目前，沙溪理工与企业之间，已经从单纯的实习就业，升级为人才输出与技术服务的校企合作，从单纯的 "前校后厂" 升级为 "前店后校、前校后厂" 的工学结合模式，大大提高了学校对社会经济发展的服务能力与服务质量。特别是学校的服装专业，与企业形成了"拥抱"模式战略结盟，达到了优势互补、互利共赢、相互依存和共铸品牌的目的。同时，学校借助企业的管理经验和文化资源，为著名企业开办培训班，拓展了管理思想和办学资源，加速了学生的成长。在校企深度合作的过程中，学生的作品源源不断地转化为产品，又通过市场转化成商品，发展起来的产业为科研注入更多鲜活的血液，形成了良性循环。其中，沙溪理工学校师生自行设计并制作的167款测温变色T恤在上海世博会上热卖，并在世博会结束后全面推向市场。

产学研一体化的推进，带来显著的教学效益，学生的各项考证、技能水平考试的通过率均居全市乃至全省前列。省教育厅厅长罗伟其曾表示，沙溪理工学校注重内涵建设，依托地方经济、服务地方经济，与产业紧密结合，在广东省已经远远跑在了前面。

2. "专业对接产业链"焕然一新

结合产业发展需求和职教政策，沙溪理工学校创立了"专业对接产业链"的"中职沙溪模式"，即"专业拓展对接产业链、实训中心对接产业链、专业教学对接产业链"，将学校的专业设置和企业的生存发展紧密结合，实现了人才培养、企业需求、产业创新的"三位一体"。

沙溪理工学校服装专业融入产业链的过程，鲜明地体现了这一特点：专业设置融入产业链——为适应当地服装产业的发展、创新、改革和延伸，沙溪理工的服装专业建设从单一制作专业，扩展为一系列专业，且不断开发新的工艺技术，已经全面融入服装产业的各个环节。服装实训（中心）基地建设融入服装产业链——为了满足服装企业对技能型人才的需求，服装专业实训基地加大投入，在原有服装制作车间的基础上，开办了服装生产示范车间，建立了服装研发中心、纺织品检测中心和国家服装实训基地。专业标准融入产业链——人才培养立足当地经济，与企业零距离对接；课程设置以直接服务产业发展需求为目标，不断改革课程结构、专业内容和教学模式；教学过程根据各专业的具体要求，把企业对人才的需求转化为教学的核心内容，或者直接服务于企业；师资队伍建设与地方产业经济相融合，通过"引进来""走出去"等方式大力提升学校教育教学水平和研发水平。

沙溪理工学校"专业对接产业链"的创新模式，准确抓住了职业教育与经济建设的结合点，职教的服务功能从单一服务向全方位服务转变，从低端服务向高端服务转变。正是立足经济转型的时代背景，抓住产业升级这个关键点，沙溪理工又一次体会了改革创新带来的巨大成就和幸福感。

3．"中国·沙溪创意设计园"领异标新

"善出奇者，无穷于天地，不竭于江河。"学校借助创建全国中等职业教育改革发展示范学校的契机，在沙溪镇党委政府的领导下，主动服务当地产业转型升级，全力参与"中国·沙溪创意设计园"的建设，成为学校发展出奇制胜的又一大手笔。该创意园整合科研机构、高等院校、知名企业和优秀设计师等优质资源，共同打造集创新设计、产品研发、潮流发布、人才培养、质量检测、品牌孵化、贸易商务和工业旅游等多功能一体化的创意园，带动人才流、信息流、资金流汇聚沙溪。

创意园阶段性的建设目标是经过三至五年的努力，构建"三个平台、一个商圈"：一个设计师创业、设计与企业交流、对接和样品展示的平台；一个设计师参与，与高校共同培育新一代设计师的平台；一个与科研院所、高校和企业紧密合作，为产业升级提供服务的平台；一个时尚创意设计商圈。创意园目前已经得到众多知名设计师、企业和高校的热烈回应并确定入驻园区。这不仅能为学校提供优质资源，大力推动教学改革和人才培养模式改革，也能为企业提供前沿、新潮和时尚的设计人才，同时又降低了开发新产品的成本。

创意园的建设为沙溪理工的学生提供更多直接参与设计、融入企业开发的机会，提供从熟练操作工和简单劳动力升级为高素质技师和设计师的机会，从根本上提升学生的职业能力和自信心，为他们实现幸福生活和人生价值奠定坚实的基础。

从早年广受关注的"立交桥"到如今正在建设的"创意园"，沙溪理工人在不断创新中，细细品味着幸福的滋味。

四、校内外和谐关系的沟通者

我们认为要建设和谐的校园就要构建和谐的人际关系，而和谐的关系不仅指和谐的校内关系，也包括和谐的校外关系，即学校与政府、学校与企业、学校与学校、学校与家庭等的和谐关系。

在学校内部，校长与教师是合作的伙伴，大家互相理解，合作才能越来越好。我们常说，一个和尚挑水吃，两个和尚抬水吃，三个和尚没水吃。也有人说，两个日本人一条龙，两个中国人一条虫。这是对我们的讽刺。我们要深刻认识到合作的重要性，要创造"1 + 1 > 2"的效益，就要创造最佳的合作氛围和条件。就像我们的层级优化组合制度就是最好的合作例子，从上而下，由专业部长选班主任，班主任选科任老师，科任老师也可以反选班主任，这种自由选择合作拍档就是让志同道合的人共同培养学生，大家工作起来也开心许多，好过领导硬性的拉郎配。一所学校的发展、运行离不开一个以校长为核心的敢于创新、勇于开拓、具有较高管理素质的领导团队。为了打造团队的凝聚力和向心力，校长要处理好领导班子成员的关系，要能充分发挥每个成员的自觉性、主动性和积极性，让领导班子能够步调一致，协调统一地发挥作用。校长在内部管理中要激发教师的主人翁意识和民主意识，并广开言路，校长要全面关心教师的学习、工作和生活，对教职工坦诚相待，营造一个以诚待人、以理服人、以情感人的民主和谐的校园氛围。

为了学校更好的发展，校长不仅要注重协调学校内部关系，也要打破学校的藩篱，处理好学校与外界的关系。校长应该意识到学校的发展和运行不能局限于校园的内部管理，还需要走出校园，关注学校与政府、企业、兄弟院校等多方面关系，这些关系也是职业学校生存发展的重要因素。校长要重视学校与外部环境的互动沟通，积极调动可利用的社会资源，促进学校稳定发展。

首先，职业学校的发展与社会经济建设紧密相关。特别是近年来，职业学校的办学形式不断强调多样化、多渠道、多层次的联合办学，这让我们知道职业学校的发展不是闭门造车，而要外求联合，要得到社会的援助。此外，职业学校也是在为社会培养各行业的技能人才，因此，从专业设置、招生计划、培养方案到学生实习、实践、毕业、就业等方面，都要得到社会的支持才能顺利地完成，这也要求我们必须要与行业企业紧密联系。校长要与企业、社会团体、兄弟学校等加强横向联系，积极沟通，把学校置于社会之中，时刻关注社会需求，与各行业的主管部门建立起联系网络，全面接受社会的动态信息。在对外宣传方面，校长还要加强与社会大众的沟通，利用各种传媒，如报纸、电视、电台，扩大宣传，树立良好的学校形象，让社会大众更多地了解职业学校，同时彰显学校的特色与优势，将学校的品牌擦亮，更好地增强学校的知名度和美誉度。

其次，政府的教育部门是职业学校的主管机关，校长要做好与教育行政部门领导及工作人员的联系沟通，了解上级的宏观政策，争取政府的大力扶持，更好地执行上级的各项政策。同时，也可以根据本校的实际情况，向上级提出合理的可行性建议，推动学校稳步发展。

总之，未来的学校要发扬光大，校长就要脱颖而出。当然一个名校长背后必然有一支强有力的教师团队作为支持，有一所向上发展的学校作为后盾，大家齐头并进才能走得更远。

特色解读

中山市服装设计师协会

在中山市经贸局、民政局和沙溪镇政府的大力支持下，在广东省服装设计师协会的指导下，在中国服装设计师协会副主席张肇达、刘洋的关怀下，由中山市沙溪理工学校和中山市休闲服装工程研究开发中心承办的中山市服装设计师协会于 2009 年 10 月 17 日成立，会址常设在沙溪理工学校。

沙溪理工学校陈仕楷校长当选会长，华南农大艺术学院副院长、中国十佳服装设计师金憓，广东省服装设计师协会副会长、中国十佳服装设计师邓兆萍，中国十佳服装摄影师毕特，香港渡渡鸟服饰公司设计总监、广东省十佳服装设计师刘亮，中山市休闲服装工程研究开发设计总监、宁波杉杉集团意丹奴服饰公司设计总监杨珊等当选副会长，中山市休闲服装工程研究开发中心技术总监武文斌当选秘书长。

协会成立以来，致力于开展服装设计的学术研究与交流，加强设计师们的联络，积极推动行业发展。目前，加入协会的会员人数达四百多人。

教 师 篇

教师的角色定位

君子既知教之所由兴，又知教之所由废，然后可以为人师也。

——《学记》

"师者，所以传道授业解惑也。"这是古人对教师的定位，指出"传道、授业、解惑"是老师的基本职责。但在中职学校，教师的角色定位要有所不同。基于中职学生的特点，中职教师肩上的责任要重得多。我们知道，中职生大多是因为中考成绩不甚理想，没能考上理想的高中，无奈之下，才来到中职学校。也有一些是因为家庭困难，没办法继续学习深造，进入中职学校想要学得一技之长，希望能够尽快就业以改变家庭困境。这些学生有个普遍的特点，就是学习基础较差，没有养成良好的学习和生活习惯，还没有树立正确的人生观和价值观。面对这些被社会视为"弱势群体"的学生，我们教师要有一个共同的认知：这些孩子很不容易，我们要用宽容的心态看待他们，以尊重的行为教导他们，用知识与智慧点燃他们心中的希望，照亮他们的人生。我们的工作不是简单的传道授业解惑，除了传授知识和技能外，还要教会学生做人的道理、待人接物的方法，让学生毕业后能够更好地适应岗位需求，更好地融入社会。

一、中职教师是学生知识技能的传授者

有人说中职教师相对普高教师要轻松许多，因为没有高考的升学压力，随便上上课就可以了。这种话完全没有道理，也并不实际。中职生虽然没有

高考的枷锁，但是专业知识和专业技能的学习并不轻松，同时各类专业技能考证的压力也很大。学生的学习目标非常明确，就是为了提升自我，更好地就业，而就业的敲门砖就是相关行业的技能证书。中职生本身基础薄弱，学习能力一般，要想在在校学习期间拿到技能证书，老师们的压力更大，付出也更多。同时，中职生在学习中更侧重于专业课程，包括专业基础知识和专业技能，也就是理论课和实操课兼顾，这使得教师备课的任务也很艰巨。随着中等职业教育改革的推进，对中职教师的要求也不断提高，一般要求专业教师要达到"双师型"标准，既具备扎实的基础理论知识和较高的教学水平，又具备较强的专业实践能力和实际工作经验，能指导实践操作，要求教师"拿起书本能讲，挽起袖子能干"。因此，中职教师的角色定位首先应该是学生知识技能的传授者。

二、中职教师是学生精神世界的重建者

中职生年纪较小，在生理和心理方面发育还不够成熟，他们的世界观、人生观、价值观还没有形成，需要有人来引导。同时，他们大多在以前的求学经历中遭受太多的挫折打击，进而丧失自信，又缺乏自制能力，进入中职学校也是无奈的选择。他们对未来充满迷茫，看待事物世俗且消极，这需要教师帮助他们重拾自信、建立积极乐观的心态，让他们能够感受来自于教师的信任与温暖，让他们能够健康成长，积极面对人生。

此外，教师的言传身教也会对学生产生极大的影响，教师的言谈举止、思想意识、人格品质都对学生起到潜移默化的教育功能。因此教师必须养成良好的工作作风、行为举止和处事原则，以自身的人格魅力来影响学生、教化学生，成为学生的表率。我们知道，教师的人格影响力是巨大的教育力量，它比言语教育具有更强的心灵渗透力，对教育质量的影响也更持久，更深远。

三、中职教师是学生成长发展的引导者

教师要成为学生主动学习、善于创新、勇于实践的引导者，要通过对重点知识的反复强调来强化学生对理论知识和专业技术的掌握，要增加实习机会，让学生到企业参与一线工作，提高学生对工作的适应能力。教师也要多组织学生参加活动，为学生提供提升自我、展示自我的平台，锻炼学生的社交能力。当然，教与学的过程，主要是对学生各项能力的培养和提升。这不单单是满足学生的就业需求，也是满足学生长足发展的需求，是真正地在培养人、成就人，这也是职业教育的本质。

此外，在职业能力方面，教师也要有清醒的认识。社会和学校对中职教师的要求越来越高，不仅是教学基本功方面，还有专业技能和企业实践等方面。例如，财经专业的教师除了要取得相应的教师资格证之外，还要具备会计师的专业技能资格证。除了日常的教育工作，专业教师还要承担培训学生参加各类技能考证和技能大赛的任务。同时，教师本人也要参加国家级或省市级的教师技能大赛活动，这对中职学校的教师来说，负担不可谓不重。与普高教师不同的是，中职教师的假期也不轻松。因为中职生的学习与工作紧密相连，所以教师必须对相关行业的新技能、新知识有及时准确的把握，同时还要了解行业企业发展的新动态。因此，中职教师往往会利用寒暑假到企业实践，了解工作岗位的职责要求及对人才的需求状况，并及时更新专业知识，提升自身教书育人的能力。

在我们学校，教师都有这样的认知：职业教育是吃苦受累、行善积德的事业，我们应当为自己从事的事业而感到自豪。尽管教师们承受着来自各方面的压力，有时候甚至得不到家长的理解，但是我们知难而进，以提高学生综合素质为目标，在加强学生技能训练的同时，更加重视学生内在品质的培养，让中职生走出"落后"阴影，重树自信，熟练掌握技能，获取人生幸福，培养高尚品德，赢得社会尊重。

我们是精神的布道者，知识的传授者，品德的塑造者，成长的引领者。在学生的眼中，我们是学识渊博、关爱学子的师者，是睿智宽厚、温暖心灵的长者，是朋友、是同伴，也是亲人。我们在职教的沃土上精耕细作，经历着苦乐相伴的修行，走出了一个又一个教师的典范和师德的标兵。其中，具有代表性的财经部高全文副部长，他被评为中山市师德标兵。

【案例】

绿叶有梦，只为花开

有人说花的事业是尊贵的，果实的事业是甜美的，教师做的却是叶的事业——平凡、谦逊地垂下绿荫呵护花开。

九月的早晨风清气朗，返校的师生们毫不意外地看到财经楼前那高大的身影，大家会心一笑："老高还是那么早啊！"老高是谁？沙溪理工学校财经部德育部长高全文是也。从教 28 年来，他以对教育事业的孜孜追求和无私奉献赢得广大师生的爱戴。他，以绿叶般谦逊无私的精神书写着为人师者的高尚：立德树人，化育无痕。

在老高的认知里，教师是一份凭良心吃饭、凭责任心把关的事业，育人当以师德为魂。大家都说，老高是把学校当成了家，把工作看作至高无上的事业，不求回报，不计得失地全身心投入。的确，为了从头抓学生的行为习惯，每年军训时，他都早早打包了行李，搬到学生宿舍，与学生同吃同住同训。烈日下，他来回奔波巡查各班情况；休息时，他关注学生的身体状况，询问是否有人吃不消。两周以后，他晒得比谁都黑，他的口令喊得比谁都好。他在不知不觉中走进学生的内心，在严于律己中与学生一起成长，让学生"亲其师而信其道"。

教师无小节，处处是楷模。每天早上，老高都要骑着摩托车赶 20 多公里的路程，在 7 点钟准时到校，看着学生戴上校牌，整队上学。校园里，他总微笑着和大家打招呼；课堂上，他耐心讲解《三字经》《弟子规》。时间久了，大家都说财经部的学生素质最好。在潜移默化中，他以自身言行影响着学生，甚至辐射到学生的家里。还记得有一天，一名学生的父母找到老高的办公室，握住他的手说："我们是来感谢您的。您教育了孩子，也教育了我们呐！"原来，老高在班上讲传统文化的孝道时，一名女生课下找到他，满眼含泪地说："老师，您的课很有道理。我的爸妈对奶奶一点儿都不好，动辄打骂。您能帮我想想办法吗？"老高给她出主意，让她找适当的机会将课上的内容说给父母听，并教她怎样跟父母讲道理。一来二去，家长认识到自己的错误，来找老高当面致谢了。

有人说，教师就是一份磨练心性的苦差事。可老高从不这么认为，在他看来，教师是用爱浇灌的事业，是以德树人的表率。

他，在工作中无私奉献，苦乐都甘之如饴。

中职的学生固然难教，可有时家长的蛮横更让人难以接受。老高还记得，2010级商务班的一位男生因为打篮球时不慎摔倒，脸部严重擦伤。他二话不说，马上和班主任把学生送到隆都医院，跑前跑后地张罗着，还垫付了500多元的医药费。可家长赶到时，却劈头盖脸地一通埋怨："老师怎么看的？孩子毁容了怎么办？"倒是学生按捺不住地说："是我自己摔倒的，老师送我来医院，还给了医药费呢。"家长顿时无话可说。事后老高说，当时学生的话让他很感动，很满足。

教师的一生是平凡而清贫的——虽然平凡，我们的脊梁却支撑着祖国的未来；虽然清贫，我们的双手却托举着明天的太阳。还记得一位来自云浮的学生，家境十分贫寒，几次申请退学。老高知道后，多次找他谈话，帮他垫付学费，安排专业老师对他强化培训，鼓励他参加竞赛，给他提供勤工俭学的机会。就是这个孩子，不但考取了会计证书，更走上省赛的领奖台。看着台上那张灿烂的笑脸，老高仿佛听见了花开的声音。他说："中职的学生更渴望成功，更需要帮助，我愿意带他们走向人生出彩的舞台。"

他，在这时感受到绿叶的事业中渗透着的丝丝甜意：立教圆梦，爱满天下。

在谈及梦想时，高全文坦言："我的梦想是帮助更多的人实现他们的理想！"这不是一句空话，财经部的师生送给老高一个亲昵的称呼"奶爸"。因为他不止爱生如子，也将年轻的教师当成孩子一样悉心培养。在他言传身教的带动下，教师们坚持"以学校为家、以工作为乐、以奉献为荣"的精神——无论是偏远乡村的家访，还是寒冬酷暑的实训；无论是强手如林的各级竞赛，还是孤灯夜战的科研进修，大家都奋力拼搏，无怨无悔。

付出总有回报。如今财经部班风学风积极向上，会计取证率连年达到90%以上，高职高考连续18年居全市第一名，师生在各级技能大赛中不断斩金夺银。老高在圆自己的梦想，也在成就别人的梦想。

在他人生的第28个教师节，师生们送他一句话："爱满天下。"没有轰轰烈烈、感天动地的大事迹，这种师者的博爱无私、高尚师德来自于平凡中的伟大追求，平静中的满腔热血，平常中的高度负责。

如今，多次荣获"中山市优秀教师""中山市师德标兵"的老高，依然每天早早到校，迎着清晨的第一缕霞光，看着学生们朝气蓬勃的笑脸，他分明看见绿叶上闪动的光芒。是啊，为了中职教育这棵大树的枝繁叶茂，我们何妨做一片绿叶，去呵护花开。

我们的教师真正做到了"以校为家、待生如子"，将学校的工作当做功德事业，让阳光照进每一个学生的心田，将幸福的种子播进每一个学生的心间，通过对学生的关心和尊重，以及自身人格魅力的引导，让学生昂首挺胸，信心满怀。尽管日夜操劳，劳心劳力，有时还得不到充分的物质回报，但他们将人生的理想和自我的价值植根于学校发展中，收获着沉甸甸的幸福。

修身讲堂

在中山市号召全民修身的大背景下，沙溪理工学校本着服务社会的宗旨，成立名师宣讲团，除了在校内开设修身讲堂外，也走出学校，到附近社区、学校、企事业单位开展修身宣讲活动，宣扬社会主义核心价值观、中国梦、传统国学经典、国家十八大和十九大等大会精神、教师职业素养等，倡导雷锋精神、工匠精神、爱心互助等文明风尚，加强社会公德、职业道德、家庭美德、个人品德和未成年人思想道德建设等，既营造健康文明的校园文化氛围，也为提升全民综合素质，促进社会和谐稳定，推动建设和美中山贡献力量。

教师的职业精神

国将兴，必贵师而重傅；贵师而重傅，则法度存。

——《荀子·大略》

职业精神是人们在长期的职业活动中形成并为大家所认可的一种持续、稳定且具有职业特征的价值观、态度和精神风貌的总和，是职业人在具备职业技能和遵守职业道德基础上形成的更高层次的精神境界①。

中职教师的职业精神就是指教师基于对自身职业的价值判断和理解，在工作中所表现出来的被广泛认同的思维方式、道德观念和行为准则等，包括职业理想、职业态度、职业技能、职业作风、职业信念等。在沙溪理工，幸福职教观作为一种职业信念，已经融入每一个人的血液中，从校长、教师，到学生，都积极地创造幸福，努力地追求幸福，用心地感受幸福。大家在工作中能够充分发挥自己的专业优势，学有所用。同时，大家不再将工作仅仅当作谋生的手段而敷衍了事，而是坚信自己能够在这片土壤中实现自己的价值，所以他们的工作积极性很高，即使加班加点也不会心生怨怼。

在工作中，我们发现教师的职业精神主要体现在职业态度中，特别是在成就感的体现方面，中职教师不同于普通高中的教师。例如花费同样的精力，普高教师的成就感收获比较及时，主要看学生的成绩及升学率的高低；而中职教师则不然，我们面对的学生比较复杂，一些人来自问题家庭，大多养成了一些不良习惯，给教师的教育工作带来一定的困难，学生的成长多是

---

① 葛志亮. 论高职学生职业精神培养的三个维度［J］. 继续教育研究，2014（4）：18－19.

缓慢而细微的，教师的成就感也很难体现，即使有成就感也比较滞后。成就感是影响中职教师职业态度、职业理想的重要因素，如果教师没有成就感，就会产生倦怠情绪。

中职教师的职业精神还要受到企业文化和企业精神的影响。中职教师除了对学生负责之外，还要对企业负责，为企业提供所需人才，因此教师要更多地接触社会，接触企业，除了到企业考察之外，还要接纳来自社会和企业的不同评价和意见。

当然，我们也常听说一些中职教师的职业精神状况不良，出现职业倦怠，对工作不满，情绪焦躁，精神萎靡不振，丧失工作积极性等。要怎样培养中职教师良好的职业精神状态呢？不妨从以下几个方面考虑：

（1）在入职培训中加强职业精神的教育，帮助中职教师尽快适应自己的角色定位，将职业理想内化成为教育工作的驱动力，帮助教师做好职业生涯规划，确定其职业发展的方向。当然，我们应该尽量让教师的发展与学校的发展方向保持一致，将教师的职业成长根植在学校发展的土壤中，让教师与学校共同发展，创造和谐的教育氛围。

（2）通过讲座、访谈等形式培养教师的职业精神。这些常规而普遍的培养方式在教育教学实践中最容易开展，也较容易为教师所接受，能取得一定的效果。但其效果与活动策划的水平和组织者的水平息息相关，而且，这类活动如果开展太过频繁，也容易引起教师的反感，甚至产生排斥心理，最终导致活动失去应有的效果。所以相应的讲座、访谈等培训活动应该跟当前职业教育的形势和中职教师发展的实际情况相适应，活动的形式最好要多样化，能够吸引教师乐于参与，从而取得提升职业精神的效果。

（3）在实训、实习的过程中培养教师的职业精神。职业教育与企业紧密相连，中职教师也要经常去企业参与实践，与企业保持密切的联系。那么，中职教师的职业精神必然会受到企业精神、企业文化和工匠精神的影响。所以说，中职教师到企业实践不仅能提升自身的专业技能，掌握行业发展的前沿问题，而且能有效地提升相关职业精神。如果教师自身也能意识到这一点，能够主动积极地到企业实践，有意识地提升职业精神，可能效果会更好。

（4）鼓励教师参加培训、学习等活动提升职业精神。学校鼓励教师不断发展自己，并为教师创造学习、培训的机会，这对中职教师的职业精神培养非常有利。我们知道，以前中职学校因为种种原因处于故步自封的状态，教师缺少外出学习交流的机会。但随着国家的大力支持和学校自身发展的需要，地方政府也出台相应扶持政策，鼓励中职教师走出去，特别是鼓励青年骨干教师不断学习，交流考察，进而提升教师综合素养，也提升了教师的职业精神。

（5）加强管理，形成良好的校风校纪。影响中职教师职业精神养成的另一个重要因素是学校的风气，也就是我们说的校风校纪。有人说，有什么样的校风就有什么样的学生。同样，有什么样的校风，就有什么样的教师。校风是一所学校的风气，更是师生长期身处的大环境，它不仅包括校园的文化建设，也包括师资队伍建设。试想，在一个团结奋进、积极向上的大环境中，周围的人都在努力学习，努力工作，自然也会影响感化一部分后进分子积极跟上。当然，在这样的环境中，学校管理严格、奖惩公正也是一种激励手段，工作上兢兢业业、一丝不苟，成绩出色的要受到表彰，偷奸耍滑、弄虚作假的应该受到惩罚。建立公平公正、积极向上的校园环境，不仅便于学校的管理、学生的教育，也有利于教师的成长发展。

当然，中职教师的职业精神提升不仅有赖于学校的鼓励支持，还依靠教师自己自身有意识的培养。第一，教师要意识到职业精神对自身成长发展的重要作用，要在工作和生活实践中努力践行。第二，教师可以通过各种自我学习的方式来提升自身的综合素养和职业精神。教师要把握住各种学习和自我发展的机会，在各项活动中积极提升职业精神。

师资强，则学校强。近年来，我校通过各种方式来提升教师素质，或走进企业实践专业技能，或参加全国骨干教师培训，或走出国门学习先进职教理念等。在全体同仁的努力下，学校打造了一支由全国百杰校长、全国优秀教育工作者、全国职业院校技能大赛优秀指导教师、南粤优秀教师、广东省名校长、中山市名校长、中山市名教师组成的教师队伍。上到学校行政班子，下到各部室，都凝聚成一股积极向上的力量，发挥着无数优秀教师的智慧，教师们把理想植根于学校的发展中，精诚团结，日夜拼搏，以学校为家、以工作为乐、以学习为志、以奉献为荣的教职工比比皆是。"理工兴，我荣；理工衰，我辱"已经内化到学校师生的骨子里；"你好，我好，学校好，学校好才是真的好"已经成为学校师生的集体精神追求。

特色解读

教师社团活动

为了提高教职工的身体素质，丰富教师的业余生活，提升校园文化品位，真正彰显学校特色，学校工会积极创设条件，推行教师社团活动，在校园内成立了教师舞蹈社团、羽毛球社团、篮球社团、健美操社团、棋类社团、瑜伽社团等，每位教职工至少选择参加一个社团，社团每周至少活动一次，学校工会每月举行一次社团活动。社团活动的开展不但有益于教师身心健康，激发教师活力，展示教师魅力，增强教师之间的凝聚力，让教师们能够愉悦工作，快乐生活，感受到家的幸福，也成就其幸福的教育人生。

做一个有良知的教师

道德是做人的根本。根本一坏，纵然你有一些学问和本领，也无甚用处。

——陶行知

做一个有良知的教师，首先要做一个有良心的人。两千多年前，孟子曾说："恻隐之心，人皆有之；羞恶之心，人皆有之；恭敬之心，人皆有之；是非之心，人皆有之。"阐释了一个人与生俱来的本能的对外界事物的心理反映，包括对弱者的同情、对善恶的取舍、对礼仪的领悟、对是非的判断，这"四心"是仁义礼智的表现，是一个人良知的来源。这些判断也取决于人的思想境界，教师是思想境界较高的群体，更应该拥有超越个人得失的仁爱是非之心，做一个道德境界高尚、有理想有追求的人。我们认为，在这"四心"的基础上，做一个有良知的教师还要有敬畏心，要有敢于担当的精神，学生才能享受到更多的温暖、爱和关怀。不负责任的老师让孩子看到的世界更悲观、更颓败，有良知的老师带给学生的是高尚和美好。作为职业学校的老师，我们要对自己提出更高的要求，发挥我们的专业特长，更多地关爱学生，因材施教。我们不同于普高，不用围绕高考的指挥棒，所以我们更能在培养学生成才的过程中侧重对学生更有用的教育，更注重对学生做人做事的培养。就像习总书记说的：作为教师，要以"不忘初心、继续前进"为思想动力，拥有四个方面的品质：有理想信念、有道德情操、有扎实学识、有仁爱之心。这是我们作为教师的最低标准，也是我不懈奋斗的目标。

具体分析习总书记所说的四个品质：

理想信念是我们对美好未来的向往和追求，是对自身、国家未来发展所持有的坚定态度，更是我们职业生涯中的明确目标。没有理想信念，教师就意识不到自己的责任和使命，教书育人就会失去方向。君子固本，本立而道生。一个好老师，首先要树立明确而坚定的理想信念，心中时刻装着国家和民族，把教书育人与国家民族的前途命运联系起来，自觉做社会主义核心价值观的忠实践行者和积极传播者，通过言传身教引导、培育学生，做好学生人生的导师，成为他们健康成长的领路人。对于中等职业学校的教师而言，理想信念是贯穿其职业发展的内在力量，它使教师对教学工作充满热情，尽职尽责。他们积极参与课程改革，并对教学内容、教学方法等进行调整和创新，以期能够适应社会对学生能力的要求。

修身立德，率先垂范，这是自古以来人们对师德的基本要求。师德是教师的道德行为规范，是教师工作的精髓。孔子曾最先对师德作过多方面的论述。他认为：对待学生，要"诲人不倦，循循善诱"，教师的身教重于言传，以身作则，以己为范，才能成为学生的表率。他还认为教师应当"躬自厚而薄责于人，责己严，待人宽"，等等。我们认为教师要提升道德情操，注意培养自己坚韧不拔的性格、严谨务实的作风、谦和儒雅的品质、正直无私的浩然之气。良好的师德直接影响着学生良好品德的形成，因此，教师要注意用师德规范自己的言行。可以说，教师的一言一行，一举一动，无时无刻不在无声地教育着学生，在潜移默化中影响着学生。"君子之德如风，小人之德如草，风吹草偃。"教师只有具备高尚的道德情操，才能营造一个如沐春风的教育环境，达到春风化雨的育人效果。

教育以育人为目的，教师如果没有扎实的知识基础，没有娴熟的业务能力，只会误人子弟，正如《学记》云："能博喻然后能为师。"因此，一名好教师应该具有广博的知识和精湛的技能。陶行知先生也说："教师只有博学多闻，才能厚积薄发，取精用宏，上课时才能得心应手，游刃有余，才能问一答十，举一反三，才能使自己的教学内容更丰富，更有说服力。"他还指出，想有好学的学生，必须有好学的先生。教师只有"学而不厌"，才能"诲人不倦"。

　　具备了扎实的知识基础，教师还要掌握一定的教学技巧和教学艺术，对学生进行有效的教育开导。《学记》认为"记问之学，不足以为人师"，即仅靠背诵和记忆前人的东西而没有自己的见解和想法，这样的人是不足以给别人当老师的。教师要不断求得自身业务的进步和教学质量的提高。三尺讲台容不得半点虚假，南郭先生终有原形毕露的一天。如果教师的专业知识储备不足，这将严重影响到学生对教师的信任和教学过程的顺利开展。教师只有保持既乐于施教又勤勉好学的积极心态，才能成为合格的教师，才能让莘莘学子"亲其师而信其道"。

　　教育是一门"仁者爱人"的事业，爱是教育的灵魂，没有爱就没有教育。高尔基说："谁爱孩子，孩子就爱谁，只有爱孩子的人，他才有可能教育孩子。"因此，一个好老师，应该始终对自己的事业，对自己的学生，充满仁爱之心。仁爱之心是最伟大的教育力量，是靠人格魅力对学生进行引领和感化。这种仁爱之心要求教师真诚地尊重学生，充分地理解学生，宽容地关怀学生，真心地呵护学生，做到爱生如子。要心系学生的身心健康与发展成长，对学生在人格上平等相待，在学业上甘做人梯。只有真正做到尊重学生，爱护学生，才能实现因材施教，有教无类。这是一名教师应具备的大爱无疆、师者仁心的襟怀。在新的历史条件下，这种仁爱之心，还体现为对学生梦想的激发和呵护，对学生未来的关注与指引。在帮助学生筑梦、圆梦的同时，也铸就了自己的职业梦想。

　　一个有良知、有仁爱之心的人是温暖的，他的一言一行不但能温暖身边的人，也能润泽学生的心灵。可喜的是，在我们身边有很多这样的人，我们的校园里就流传着一个"仁师厚德"的故事：

　　故事的主人公是学校工美专业的钱凡老师。一顶牛仔帽，一圈普希金式的络腮胡子，一双带着童稚的眼睛，脸上偶尔露出的羞涩笑容，大家眼中的钱凡老师是一副艺术家的形象，却也是最亲和温暖的，无论是对同事，还是对学生总是笑脸相迎。故事要从几年前说起，那时钱凡老师担任工美部的班主任，班上有一个叫吴晓逸的学生。在十月份的一个周六，吴晓逸在同学家里玩，半夜突发急症，抽搐，送到医院不久心脏就停止跳动。医院迅速组织医护人员展开抢救。由于送治及时，在医护人员的全力救护下，吴晓逸同学的生命体征最终恢复了。但令人遗憾的是，吴晓逸同学虽然心跳和意识都恢复正常了，但是他不能说话，也不能动，只有眼睛能转。

一个朝气蓬勃的少年就这样躺在了病床上，而数额庞大的医疗费给原就普通的家庭带来无形的重压，钱凡老师看在眼里急在心上，他主动联系学生的父亲，问是否需要发动学校师生为孩子捐款。家长谢绝了钱凡老师的好心，他说，治疗费太多，学校捐款也只是杯水车薪，无济于事，就不麻烦学校了。

后来学校要求申报困难学生补助名额，钱凡老师把吴晓逸同学报了上去，希望能帮助这个家庭缓解压力。为此，孩子的父亲对钱凡老师感激不已，钱虽不多，心意却是沉甸甸的。

吴晓逸休学了，但钱凡老师并没有放弃他，而是经常去医院看望他，也嘱咐班上的同学常去看望吴晓逸。在钱凡老师及同学们的鼓励、关心和照顾下，吴晓逸的病情有了很大起色。两年前，吴晓逸被从死亡线上救回来的时候，只有眼睛能看，头能微微偏动，其他什么都不能做，口不能言，手不能动。两年后，这个学生已经能够分辨身边的人，可以用含糊不清的发音表达他的意思。每次钱凡老师去看望他，都会拉着他的手，和他说上好一阵子，告诉他班上发生什么事，他的同学又有什么新故事。每次接触，这个学生都有很积极的回应。

学生的父母对钱凡老师的付出都非常感激，亲自带了一块上书"仁师厚德"的牌匾来学校，找到钱老师说："在我孩子病情发作的第一时间，是你和你的学生首先赶到。在他救治期间，是你们的鼓励，给了他活过来的勇气。钱凡老师，谢谢你这两年来对我孩子的关心和照顾，没有你们的关心和照顾，孩子不会那么快恢复。我感谢你，这块匾，表达我对你、你的班级、你们学校的感激之情，务请收下。"

这方谢恩大匾的书法作者是禅学泰斗、台湾本焕长老的俗家弟子一觉居士。一觉居士同时还是中国艺术家协会会员，中国禅文化研究会理事，中国书画研究院艺术委员，中国书画研究院南方创作中心教授。吴先生请一觉居士书写谢恩大匾，由此可见他对钱凡老师的感恩之深。随后，这一段教师关爱学生、学生感恩老师的佳话迅速在学校口耳相传。沙溪理工学校以幸福教育为旨归，悉心关爱每一个学生，给每一个来这里求学的学子以幸福的归宿感。

在这段事例中，我们看到一个中职教师的教育良知，这让我们想起著名哲学家雅斯贝尔斯在他的《什么是教育》中写道："教育的本质意味着：一棵树摇动一棵树，一朵云推动一朵云，一个灵魂唤醒一个灵魂。"像钱老师这样的教育，可谓是灵魂的教育，将教育渗透到日常的一言一行中，不需要过分的耳提面命，他所带的班级团结和谐，他教过的学生积极乐观。爱因斯坦说："教育就是那些离开学校之后还记得住的东西。"也许毕业后，学生未必会记得书本上那些你认为重要的知识，却一定能记住钱老师这段温暖的故事和故事背后折射出的教师人格和教育良知。值得高兴的是我们学校像钱凡老师的例子还有很多，包括服装班的徐璐老师，不忍学生辍学，帮助学生垫付学费；竞赛组的一些教师不忍学生训练辛苦，自己掏钱给学生买营养品，或煲汤给学生补身体；等等。很多老师默默无闻地付出，他们不会讲大道理，却认为教育是一种良心活儿，职业教育更是积德行善的事业，不能因为任何原因而愧对良心。

习近平总书记指出："今天的学生就是未来实现中华民族伟大复兴中国梦的主力军，广大教师就是打造这支中华民族'梦之队'的筑梦人。"要实现中国梦，归根到底还是靠教育。作为立教之本、兴教之源的"筑梦人"，教师的工作直接影响着"中国梦"的实现进程。帮学生筑梦、圆梦，为自己坚守职业梦，教师要达到"四有"标准，不坠青云之志，不改育人之乐，勤勉工作、无私奉献，通过陪伴学生成长来实现自我成长，通过成就学生的未来实现自我生命价值的出彩。

做一个有良知的教师，是历史赋予我们的责任，是社会发展的必然要求。教师不仅仅要传授知识，还要用良知引领学生，让学生得到一种知识之外的人文关怀和发展。

做一个有良知的教师，坚守职业的标准，提升道德操守，淡泊名利，洁身自好，达到一种更高的生命境界。

名班主任工作室

为了加强班主任德育研究工作，提升班主任专业能力，打造一支优秀的班主任团队，学校成立了市级名班主任工作室——彩虹桥工作室，对全体班主任和德育教师进行专业化轮训，强化"教书育人、管理育人、服务育人、环境育人"等育人意识，以提高班主任整体工作水平，提高班级管理能力，形成班级管理的品牌，在教育教学和科研中发挥示范、带头和辐射作用。

彩虹桥班主任工作室还根据学校德育实际所需，根据学年制订一系列班会课展示月计划，做到每期一主题、每月一特色，丰富班会课内容和形式，强化班会课在日常德育工作的重要角色，积极引导学生，推动学校德育工作更上一层楼。

教师的专业化发展

> 学然后知不足，教然后知困，知不足然后能自反，知困然后能自
> 强，故日教学相长也。

——《学记》

华东师大博士生导师叶澜教授说："没有教师的发展，难有学生的发展；没有教师的解放，难有学生的解放；没有教师的创造，难有学生的创造；没有教师的转型，难有学生的转变。"中职教师的专业化发展非常重要，在某种程度上，中职教师除了要学习文化知识、专业知识和专业技能之外，还要帮助学生慢慢过渡到工作岗位，培养学生适应社会的能力。因此，大家对中职教师的各项素养，特别是专业化素养的要求越来越高。

中职教师的专业化发展一般指的是中职学校专业课教师的专业发展。首先，要对新入职的中职教师进行有针对性的培训，使其具备一般教师专业发展的所有内涵，即在职业道德、专业知识、专业能力等方面不断提升。其次，要注重"双师型"教师的培养。职业教育的特点决定了专业课教师必然要具备"双师型"教师的素质，即同时具备教师素质和专业技能人员素质。同时，中职教师要具备与社会、企业打交道的能力，这是中职教师专业化发展的重要途径。中职教师还要保持继续学习与终身学习相结合，不断提升专业水平，适应社会的发展，更新知识的储备，才能更好地培养企业所需的技能型人才。

一、正确认识中职教师职业的岗位特征，是确定其专业化发展目标取向的前提

从受教育对象分析，许多中职生是中考成绩较差的学生。特别是近年来，一些中职学校的招生情况不好，渐渐地取消了学生入学考试的门槛，这导致中职生的素质整体下降。这些自身素质较差的学生又有很多是长期得不到家长、老师和社会关注的孩子，在成长过程中，失败多于成功，必然也导致学生的自尊心和自信心受到严重的伤害。而社会上看待中职生的眼光多以歧视为主，甚至他们还被称为"双差生"，这很容易让中职生产生自卑心理，对他们是另一重伤害。但中职生的学习任务却并不轻松，他们不仅要学习基础知识、专业理论和专业技能，还要经常参与实践操作的学习等。中职生们长期遭受冷遇、多重学习任务、迫切就业的心理决定了中职教师的工作任务并不轻松。

从社会角色的角度看，随着职教改革的蓬勃发展，政府、社会和家长对中等职业教育的期望越来越高，希望学生能够通过中职教育实现知识、技能、品德的提升，能够在社会上立足。学生的特殊性要求中职教师不仅要成为心理老师，掌握学生的心理动态，也要求教师能够成为教育家，善于做学生的思想工作，以德育人。同时，中职教师还要实现自身的专业化发展，走向讲师、教授等学者角色。就像我们平常对教师的激励：像心理学家一样开导人，像教育家一样培养人，像社会学家一样成就人，让学生健康成长。此外，还要关注自身的成长和学校的发展，最终实现全面发展。

二、科学评价中职教师个人素质的实际情况，是推动中职教师专业化发展的关键

当前，中职教师的个人素质仍存在一定的问题：

（一）知识结构不尽合理

从教师队伍的结构分析，中职教师主要包括专业教师和外聘教师。专业教师中的一部分老教师虽是对口专业毕业，但学历不高；一部分新教师虽然

学历较高，但多是非师范类专业的毕业生，缺乏教学经验和操作技能。外聘教师多是从企业招聘而来的，虽然具备一定的专业技能，但理论基础一般，也没有经历过教育教学实践的系统训练，在教学规律和教学方法、驾驭课堂等方面仍有不足。教师水平的参差不齐使中职教师的专业化发展变得更加迫切。

（二）教师业务素质提升不快

中职教育专业学科多，专业性较强，知识更新快，要培养符合社会和企业需求的适用型技能人才，中职教师就要有强烈的学习精神，多参加各级各类的培训并且到企业实践学习，及时掌握行业发展的新动态，才能够与时俱进，跟紧时代发展的脚步。但由于中职教师教书育人的任务繁重，各项日常工作繁琐，学习精力难免不足，很多教师继续学习的意愿并不强烈，学习的主动性和积极性相对较差，这导致中职教师业务素质的提升相对缓慢。

（三）教师仍存在职业倦怠问题

中职教育相较于普高教育而言并不受社会的重视，中职教师自然也得不到社会的认同与尊重，因此社会地位不高。同时，相较于普高教师而言，中职教师的工作任务繁重多样，工作福利待遇却相对较低，这严重影响了中职教师的职业信念，甚至一部分中职教师会跳槽去更好的企业，或者通过公务员考试进入政府机关。因学生素质差、工作内容繁琐等原因，中职教师所收获的成就感相对滞后。社会地位低，工作任务重，薪资待遇差，缺乏成就感等常让中职教师感到身心疲惫，压力山大，自然对工作缺乏热情，对学生缺少耐心，特别是评优评先、职称晋升等方面屡屡受挫时，更会导致教师产生职业倦怠感。

教师是教育活动的主导者，培养教师专业发展意识，变教师被动发展为主动发展，能够有效而持久地提升教师专业化水平。首先，我们要加强中职教师专业化发展的理论学习，强化教师专业化发展的观念。其次，要建立"文化科教师专业化，专业科教师技能化，技能科教师企业化"的观念。在教师专业化培养与发展上，沙溪理工学校采取以下几种做法：

拓宽教师的培养途径，通过名师引领、团队合作、各类培训、传帮带、企业实践、教科研等多种方式促进教师发展专业化。

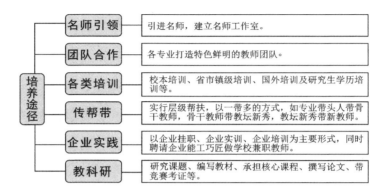

（1）名师引领：引进名师，建立名师工作室，重点指导专业（学科）带头人、专业骨干教师，规划专业发展方向、人才培养模式和课程体系设置等，并面向专业全体教师开展讲座，引领教育教学改革。已建成的名师工作室有13个，如董怀光设计师工作室、欧阳心力教授工作室等。

（2）团队合作：由于教师个体能力的限制，教师的发展必须依赖团队的力量，集群体之优势，群体之智慧，提升教师的专业能力和水平。在建设中，学校各重点建设专业都打造了各专业教师团队，如工艺美术专业的"能说＋会做"双师型教师团队。在团队中，教师们通过共同协作，形成团队精神，凝聚为整体的合力，进而推动学校的发展建设。

（3）各类培训：包括全员参加的校本培训、市镇级专业教师继续教育培训、选拔优秀教师参加的省级培训、骨干教师或专业（学科）带头人参加的国外培训和其他培训。

（4）专业教师传帮带：实行层级帮扶，以一带多的方式。如专业（学科）带头人带专业骨干教师，每个专业（学科）带头人要培养1～2名骨干教师，这一项作为专业（学科）带头人的工作任务之一，写入学校《专业带头人认定与管理办法》。依次是每位骨干教师带1～2名教坛新秀，每位教坛新秀带1～2名新教师。如此，层级帮扶，全员结对，促进教师快速成长。

（5）企业挂职、培训和实践：学校和专业部重视"双师"素质专业教师的培养，制定了专业教师到企业参加生产实践的管理制度，规定所有专业教师每年用不少于一个月时间到企业参加生产实践或挂职锻炼。以到现场考察观摩、接受组织技能培训、在培训岗位上实习等形式为主，了解企业的日常管理、工作流程，熟悉相关岗位职责、规范、用人标准及管理制度等内容，并学习所教专业在实习中应用的新知识、新方法，结合企业的工作实际和用人标准，不断完善教学方案，改进教学方法，切实加强学校实习教学环节建设，提高技能型人才培养质量。如服装专业杨珊老师兼任杉杉集团的意丹奴品牌设计总监，陈仕富、李海钱老师被聘为 EK 休闲服设计师，郑慧老师被聘为英仕公司校内生产线生产主管。

同时，我们还聘请企业技师做兼职教师，他们或定期给学生上课，或在车间带项目、指导学生。通过聘请企业能工巧匠进课堂，实现工学零距离对接，以企业技师引领教学改革、让教学跟上时代发展。

（6）教科研培养：鼓励教师参加教科研活动，包括研究课题、编写教材、承担核心课程、撰写论文等常规性教科研活动，也重视教师带竞赛、带考证等方面的能力培养，体现以赛促教，科研立校的特色。

让教师个人发展的成功与取得教育教学方面的成绩，成为教师专业化发展的动力，这需要一个健全完善的教师评价机制。评价机制要做到公平、公正，同时也要是全面的、多角度的评价。因此，我们从评价主体、评价标准、评价方式、评价内容等方面着手建立了科学合理的监督管理评价体系。

我们知道，没有教师的专业化发展，就没有高品质的教育。教师自身的成长发展是教育力量的源泉，而坚持不懈的学习是教师专业化发展的重要途径，它可以让教师的内心变得开放、鲜活、充满激情，使教师具有不断增长的与人分享的内在需要，从而克服其教学的倦怠感，使教学永远充满活力和内在的感染力。

教师层级管理制度

    层级优化组合聘用管理办法，具体为：学校行政领导竞聘上岗，学校教代会选聘专业部长，专业部长选聘班主任，专业部长和班主任选聘科任老师。同时，科任教师也有权选择与之合作的班主任。层级优化组合聘用制度的实施，是对教师工作的间接评价和激励，激发了教师的竞争意识和工作激情，对教师的发展起到了推动作用。

不想当元帅的士兵不是好士兵

一个人如果不到最高峰，他就没有片刻的安宁，他也就不会感到生命的恬静和光荣。

——萧伯纳

拿破仑说："不想当元帅的士兵不是好士兵。"那么，我们也可以说，不想当名教师的老师不是好老师。当然，如果没有条件或可另当别论，但当你处于上升有通道、发展有空间、晋升有指导的情况下，还一味强调困难，龟缩不前，甘于做个庸庸碌碌的教师，那你就真的不是一名好教师。

也许有些人会说在条件大体相同，竞争者众多，而职位有限的情况下，想要脱颖而出实在太困难了。但如果连前进的勇气都没有，连试一次的机会都不给自己就轻言放弃，那所有的借口不过为了掩盖一个事实——你就是一名不合格的教师。有进取心才有成就。试想一下，一个没有进取心的老师如何能教出积极进取的学生呢？人生有涯，而学无止境。我们常说激流勇进，敢为人先，这是我们沙溪理工学校敢想敢干，永不服输的精神，也是支撑我校从一所名不见经传的农村镇办职中走到今天的一种信念。

在这里，我们打造了一种积极进取的氛围，在每一位教师的心中刻下"不进则退，慢进也是退"的危机意识，将个人的发展与学校的发展紧密联系，让每个人都树立起主人翁的责任感，以"校荣，我荣；校衰，我耻"的信念激励大家奋进不懈。当然，我们也打造了师资队伍建设的"鹰成长计划"，通过分层培养，阶梯式推进的方式帮助教师个人成长。

"鹰成长计划"落实到学校现有的服装设计与工艺、汽车运用与维修、电子商务、工艺美术、财务会计等五个专业各自的教学团队建设中。各专业部在学校"鹰成长计划"的总体指导下，实行适应专业需求、体现专业特色的教师培养计划，依次为"雏鹰计划""飞鹰计划""精鹰计划""雄鹰计划"。

在教师成长过程中，与第一个阶段相对应的是"雏鹰计划"。"雏鹰计划"为期一年，目的是帮助新教师快速适应环境，转变角色，树立正确的工作观念及态度，掌握教师必备的知识与技能。第二个阶段是教师成长期，这个阶段被称为"飞鹰阶段"，他们面临一定的压力，经历挫折较多。他们已经不满足简单的学习，开始接受工作的挑战和进行自我的提升。"飞鹰计划"为期1~2年，目的是让教坛新秀在参加各类提升培训中获得足够的能力，能够承担相应的工作，在知识方面不断拓展延伸，在技能方面不断推陈出新，成为学校建设的新生力量。第三个阶段是"精鹰"成长阶段，教师不但能够在复杂且竞争激烈的环境中站稳脚跟，并且能成长为教师团队中的骨干力量。此时对应的是"精鹰计划"，为期2~3年，目的是培养业务精湛，既能独当一面，又有团队合作精神的骨干教师，实现专业的品牌发展。最后是雄鹰高飞阶段，也是校内教师培养的最高层次，即"雄鹰计划"，为期3~4年，目的是培养高素质，能够发挥示范引领作用的专业带头人，为教师的成长发展立标杆。之后，教师成长的更高层次便是市级、省级或国家级名教师等。在每个阶段，学校都有针对性地设置培训内容和培训途径，并为教师搭建展示自我，提升能力的平台。在"鹰成长计划"的引领下，沙溪理工学校的教师们目标明确，干劲十足，也取得了相当可喜的成绩，成立了陈仕楷职教名家工作室、陈仕楷名校长工作室，还有冯子川名教师工作室等名师工作室。甚至还建立了名班主任工作室，由有丰富班主任经验的教师主持，向年轻班主任传授经验，帮他们解决在工作中遇见的疑难问题，帮助年轻教师迅速成长。

在如此有利的客观环境中，在学校的大力支持和老教师的帮助下，新教师的每一次晋升便成为水到渠成的事。当然，外部的助力是一个因素，个人的努力才是关键。因此，教师们要充分发挥主观能动性，脚踏实地，踏实肯干，才能在竞争中彰显自身的优势。

年轻教师首先要认清自我，树立目标。立足自身的实际情况，既不好高骛远，也不妄自菲薄，充分发挥自己的主观能动性，积极不懈地进取。其次要踏实肯干，不居功自傲。我们常说：有为才有位，有位更有为。教师未来成长如何，关键看是否踏实肯干，有所作为。这样在职称晋升的时候才有优势，也能得到领导和同事的认可。在评优评先的时候，大家自然会推荐这样的人。再次，教师要有敢为人先的精神，吃苦在前，敢于创新。在职业教育大发展的时期，故步自封无异于自取灭亡，只有不断创新才能推动学校的发展，推动职业教育的发展。最后，教师最应该重视的还是学习。学习前人的经验，增加必备的知识积累，做到博闻强识。任何一位教育家都不可能完全脱离前人的教育财富，更多的人是把别人的经验、智慧、财富应用到自己的教育实践中，并提出一些理论上的共鸣。作为一名教师，最重要的是广博的知识，一个知识面不广的教师，很难真正给学生人格上的感召力。在学生的眼中，老师是知识的权威，他们认为老师是无所不知的。试想一个一问三不知的老师会让学生多么失望呢？所以，教师应该不断学习，不断完善自己的知识结构。非学无以广才，非学无以明智。学习不仅能拓展我们生命的宽度，还能挖掘我们生命的深度，提升生命的高度，使我们的人生变得丰富、纯净而厚重。我们在学习中不仅要积累知识，涵养才情，成就自我，更重要的是作为教师，要将乐学的种子深植在学生的心中，让他们对学习升腾起一种虔诚和尊重。

既然选择了教师这一行业，选择了前进的目标，教师就应该走在不断学习的路上，这样才能发展自己，成就自己。在今时今日这样大好的环境中，我们用拿破仑的话来激励大家：不想当元帅的士兵不是好士兵！

教师队伍建设："鹰计划"

中山市沙溪理工学校在现有软硬件基础上，就如何推进"双师型"师资队伍建设作出深入探索，实施"鹰成长计划"师资队伍建设方案，打造"双师型"教师队伍，助推现代职业教育教学改革，为学校的可持续发展提供智力支持。

专业教师"鹰成长计划"，分为培养新入教师的"雏鹰计划"，培养工作两年以上的专业教学新秀的"飞鹰计划"，培养骨干教师的"精鹰计划"，培养专业带头人的"雄鹰计划"，致力建设一支"校企互通、专兼结合、动态组合"的"双师型"教师队伍。

育 人 篇

中职教育的育人目标

人像树木一样，要使他们尽量长上去，不能勉强都长得一样高，应当是：立脚点上求平等，于出头处谋自由。

——陶行知

随着职业教育的快速发展，市场竞争日益激烈，当前中职教育的人才培养要求也在发生变化，传统的职业教育理念和人才培养目标需要重新定位。作为中职教育者，我们必须明确一个育人目标，即中职教育担负着为国家和社会培养高素质劳动者和适用型技能人才的重任。这一育人目标决定了中职学校培养学生的质量和规格，也规定了中职学校教育教学工作的方向与任务。

一、中职育人目标的定位

目前，我国在生产一线还存在劳动者素质偏低和技能型人才紧缺的问题。国家在《国务院关于加快发展现代职业教育的决定》中提出："要牢固确立职业教育在国家人才培养体系中的重要位置，以服务发展为宗旨，以促进就业为导向，适应技术进步和生产方式变革以及社会公共服务的需要，培养数以亿计的高素质劳动者和技术技能人才。"可见，当前中职教育的人才培养目标定位即是"以服务发展为宗旨，以促进就业为导向，培养数以亿计的高素质劳动者和技术技能人才"。但不可讳言，仍有许多人对中职教育的人才培养目标认识不到位，在实际工作中出现偏差，最显著的就是将中职教育与普高教育、高职教育的人才培养目标相混淆，或是定位不准，或是定位过高、过宽。

要想准确定位中职教育的人才培养目标，我们必须把握两个基点：以服务发展为宗旨，以促进就业为导向。这是当前我国职业教育的指导思想，也是职业教育区别于普高教育的重要基点。

（一）以服务发展为宗旨

职业教育关乎国计民生，关乎社会保障，关乎人们的生活质量，直接影响着社会经济的发展，是为经济社会发展和人的全面发展服务的。从服务经济社会发展的角度看，中职教育是为社会的生产、建设、服务、管理等一线岗位培养高素质劳动者和适用型技能人才的，这就决定了中职教育必然要主动适应社会经济发展，与地方经济行业产业紧密融合，以提升其适应、服务和推动社会经济发展的能力。从服务人的全面发展来看，中职教育围绕促进学生成人成才这一核心，是为了培养人、成就人而服务的。因此，始终坚持以人为本，以满足学生成长的实际需要作为根本目标，结合中职生的成长规律和学习特点，加强人文关怀和服务照顾，从德、智、体、美、劳等方面教育和引导学生，让学生成长为德智体美劳全面发展的社会主义建设者和接班人。

（二）以促进就业为导向

中职学校的毕业生大多直接走入社会，走向企业的岗位，他们也是每年就业大军的一员。随着产业的转型升级，大量技术性岗位出现空缺，但中职教育仍存在人才培养目标定位不准确、专业设置与市场需求脱节、教学模式相对落后等问题，导致中职毕业生不能适应企业岗位需求。因此，中职教育应考虑到专业设置与产业需求对接，课程内容与职业标准对接，教学过程与生产过程对接，毕业证书与职业资格证书对接，职业教育与终身学习对接的必要性，重点培养学生的就业能力。

另外，我们还要注意中职教育和高职教育的育人目标也有所区别：从教育对象看，中职教育面向没有进入高中学习的初中毕业生，高职教育则面向高中毕业生；从培养目标来看，中职教育培养的是某行业或某岗位需要的高素质的劳动者和中、初级专门人才，高职教育则培养高素质技能型专门人才。可见，这两种教育是两个层次的教育，不论从入学学生的基础还是从课程设置来看都有一定区别，那么在育人目标的定位上也必然存在鲜明的层次区别。

二、育人目标如何实现

我们一直有这样深刻的认知：职业教育在某些方面较普高更为艰难，我们经常讲"浪子回头金不换"，但其实帮别人教育孩子比教育自己的孩子更辛苦。目前，我们依然是弱势群体，弱势体现在以下几个方面：

第一，中职生大多来自贫困家庭，他们的经济地位和社会地位都比较低。他们与富裕家庭的孩子不同，富裕家庭的孩子即便学习不好，家长也可以花钱让孩子享受优越的教育，但穷人家的孩子显然享受不到这样的优待。

"现在几乎没有市委书记、市长与县委书记、县长的孩子上职业院校，就连说职教重要的人的孩子一般都没有上职业院校。"前人大校长纪宝成说，"职教简直成了'平民教育'的代名词。很多老百姓的孩子上职业院校是无奈之举。"

据统计，近几年，88%的高等职业学校毕业生为家庭第一代大学生。2012年，全国中等职业学校农村户籍学生占在校生总数的82%，中西部地区的学生占在校生总数的70%。父亲、母亲为农民、工人的学生人数占调查总人数的80%。纪宝成说："关于职业技术教育，大家谈起来都认为很重要，现实生活中又离不开，打心眼里却瞧不上。"

第二，学生的心理脆弱。家庭背景和社会条件让孩子没有养成良好的习惯，成为中小学阶段的问题学生。

第三，学生基本是考不上普高的，读中职学校也是他们的无奈之举，他们对自身的现状和前景都很失望，所以决定破罐子破摔。

第四，学生学习能力较差。学生学习基础薄弱，没法适应文化课的深度学习，只能来中职学校学得一技之长。

第五，在人们眼中，教育很难脱离"学而优则仕"的思想，社会鄙视职业教育培养适用型人才，这是无法回避的。而我们作为职业教育工作者，就是要把弱势群体变成强势群体，把自卑的"农村人"培养成为自信的"城里人"，让学生变得更加自强自信。

有了准确的目标就有了明确的方向，有了清醒的认识也就有了前进的动力，如何实现我们的育人目标呢？我认为应该从以下几个方面着手：

（一）帮助学生养成良好的习惯

我们知道中职生缺乏良好的生活和学习习惯，缺乏自信心，这是他们前进路上的最大障碍。自信心的缺乏养成他们自卑的性格和厌学的心理；不良的习惯让他们很难发现自己的潜力，学习效果较差。在这样的基础条件下，要实现育人目标显然是不可能的。因此，帮助学生养成良好的学习和行为习惯尤为重要，学校和老师需要更耐心的引导与关爱，帮助学生发掘自身的潜力，树立自信自强的精神，为学生健康成长奠定良好的基础。

（二）帮助学生树立正确的"三观"

教学生学会做人要比学好技能更重要。中职学生处于 16～18 岁之间，正是世界观、人生观和价值观形成的关键时期，思想的可塑空间很大，极容易受到不良影响而走上歪路，因此需要教师正确而及时的引导。因为学生一旦形成错误的人生观和价值观，即使他在理论学习和技能方面都很优秀，也难免会给社会带来负面影响。因此，引导学生树立正确的世界观、人生观和价值观，培养高尚的道德情操和文明的行为习惯，养成与人为善、乐观积极、踏实负责的心理，同时拥有良好的职业道德、扎实的技能功底，才能在进入社会岗位后健康发展，为推动社会经济贡献自己的力量。

（三）培养学生自主学习的能力

培养学生自主学习的能力是实现培养目标的主要任务。信息技术在改变知识数量观念的同时，又改变着知识的质量观念，知识的更新周期在不断缩短。因此，人人都必须树立终身学习的观念，以适应信息技术时代的变化。联合国教科文组织出版的《学会生存》一书中讲道："未来的文盲不是不识字的人，而是没有学会怎样学习的人。"可见，学习能力已成为 21 世纪人类生存的基本能力。由于中等职业学校的学生毕业后只有极少部分学生进入高一等级的学校继续学习深造，而大部分学生则进入社会就业，职业中学成为他们的终结教育，因此，中等职业教育可能是他们培养自主学习能力的最后一次机会。同时，自主学习能力对文化专业知识的学习和职业技术能力的提高，也有较好的推动作用。所以，通过培养学生自主学习的能力，让学生学会学习，让学生具有职业能力的同时，也为适应职业变化能力和创新能力的培养打下基础。

教育的根本任务是教育人、培养人，教育的价值在于为各种不同潜能的人提供平等且能最大限度地开发自己才能的机会和途径。作为职业教育者，应给学生更多的关爱和帮助，做到因材施教，促进个性发展，使每一个学生都是成功者，使他们每一个人都成为对社会有用的人。我们相信，通过努力，中等职业教育必将会迎来健康美好和充满生机的明天。

特色解读

工作室教学模式

中山市沙溪理工学校以工作室为主体，推进产教融合、校企合作。目前，电子商务、服装、汽车运用与维修等专业建成教学实训工作室20多间，如服装专业成立了英仕婚纱、吊挂系统、一体化、芭比娃娃、绣花印花、针织等多个工作室，与海南锦绣织贝实业有限公司、中山市尚道服饰有限公司等企业共同开发受市场欢迎的产品；汽车运用与维修专业与沙溪雄鸣汽车维修厂、北京中鑫创投有限公司合作打造汽车实训基地，建成IMI实训工作室；电子商务专业与深圳国泰安信息科技有限公司、中山市迪希亚网络科技有限公司、中山市多果电子商务有限公司联合建成网络、摄影、电商等工作室；工美专业与中山市启航科技网络有限公司建立的工作室，以3D电子地图、平面广告设计、商品摄影、淘宝美工等培训为主。这些工作室的建成，对推进工学结合的教学改革，提升学生专业技能与职业素养起到极大的促进作用。

革新人才培养模式

敏于观察，勤于思考，善于综合，勇于创新。

——宋叔和

中等职业教育改革，革新人才培养模式是关键。人才培养模式的选择是否合理，关系到中职学校办学目标能否顺利实现，培养的人才能否符合社会发展的需求。改革人才培养模式要明确两点：一是培养什么样的人，二是怎样培养。第一点即人才培养目标，它是人才培养模式的核心。当然，中职教育的人才培养目标已然明确，怎样实现这一目标是我们一直致力攻克的难题。

十八大报告提出了"创新驱动发展"的战略思想，明确了着力增强创新驱动发展新动力、培养创新人才的要求，把人才培养放在了突出的位置，为教育改革与发展提供极其深刻的指导意义。据此，我们知道人才培养模式改革要适应社会发展的需求，也要与岗位要求相吻合，更要为地方经济建设服务。所以说，改革人才培养模式不可能是学校的单兵作战，更重要的还是与行业企业的合作，要多方合力，追求共赢。

以沙溪理工学校的服装专业为例，中山市沙溪镇是中国休闲服装名镇，产业链完整，涵盖服装设计、工艺制作、生产管理、质量检测、产品发布、陈列展示、营销物流和电子商务等环节。我们深入了解行业发展需求和相关岗位要求，实行产教融合，开展校企及产学研深度合作，提出并实施了"专业对接产业链"的服装专业人才培养模式，以服务地方产业的转型升级。

剖析"专业对接产业链"人才培养模式的内涵，我们从以下八个方面深入开展：专业与产业对接，课程与岗位对接，教材与技能对接，教室与车间对接，老师与师傅对接，教学过程与生产过程对接，行为习惯与职业素养对接，毕业证书与职业资格证书对接。学生在校内教学工厂、工作室和教学实训车间做中学，学中做。

探索"专业对接产业链"的人才培养模式，我们的做法是：

一、专业设置和专业拓展对接产业链，办有吸引力和生命力的专业

我们根据服装产业发展和市场人才需求，服装专业对应服装产业链中设计、生产、检测、营销等环节，开设了服装设计、服装制版、服装工艺、生产管理、服装模特与展示、服装营销、服装电子商务等专业或专门化方向，还依托学校与中纺标公司合作建设的 CTTC 中山服装检测中心开设了全国中职学校中唯一的服装检测专业。总之，专业设置和专业拓展紧紧对接产业的发展和需求，及时调整专业方向，改造老旧专业，增设新兴专业，办有吸引力和生命力的服装专业。

二、构建与岗位技能对接的课程体系，推进课程和教材建设

服装专业聘请行业企业专家与学校专业课教师共同建立了与岗位技能相对接的课程体系和课程标准；完成了以典型工作任务为主线、业务流程为顺序的核心课程和教材建设，这些课程和教材都注重职业岗位上新知识、新技术、新工艺和新方法的掌握和应用，使教学内容更贴近企业、贴近生产。如我们把校企合作中有代表性的服装设计 CAD、单量单裁自动裁剪、数码印花、三维人体测量等先进的技术或工艺引入到课程和教学内容中。同时，根据改革的课程和教学内容，组织专业教师和企业技师共同开发了一系列与企业岗位对接的校本教材，其中服装专业的《女上装纸样设计与立体造型》《服装设计款式图表现》两本教材被评为全国中职学校创新教材。

三、把企业生产线引进学校，实训基地（中心）对接产业链，增强企业对专业的人才依存度

近几年来，我们把英仕婚纱晚礼服生产线、和鹰单量单裁自动裁剪生产线等企业生产线引进学校，在实训基地（中心）建"教学工厂"或"教学实训车间"，严格按生产流程和岗位要求来配置设施设备，同时兼顾到教学实训需求。2012年12月，英仕生产线教学实训车间第一件晚礼服下线，该晚礼服由6名学生完成，原计划用时2个星期，结果只用了4天时间，这件晚礼服在美国销售价高达1300美元。公司人事主管说："我们招工就招沙溪理工服装专业的学生。"学校通过引进企业生产线，实现了校企深度合作和工学零距离，培养出了技能过硬的学生，从而增强了企业对学校专业的人才依存度。

四、作品转化为商品，教学改革取得新突破

引企进校，建"教学工厂"或"教学实训车间"，"把课堂搬进车间，让学生上课就是上岗"。学校推行专业课项目教学、仿真教学、一体化教学，让学生在真实的工厂和车间环境里"做中学""学中做"，让教学在完成真实产品开发或生产中展开，让"学生作品转化为企业产品，企业产品再转化为市场商品"。同时，改革评价模式，教学质量行不行，企业有话语权，专业教师与企业技师共同参与对学生的教学指导和评价。还将生产性实训教学的课程录制成教学视频，上传至学校教学资源库平台，让师生可随时调用丰富的教学资源来辅助教学，从而在课程、内容、方法、手段、评价上突破传统的教学模式，形成了"作品转化为产品，产品转化为商品"的教学改革模式，取得了具有我校特色的职教教学改革新突破，实现工学全面对接，达到校企共育人才的目的。

五、把名师引进学校，建立名师工作室，引领专业发展

我们先后聘请了中国服装设计师协会副主席张肇达、清华大学美术学院

染服系主任肖文陵、全国十佳服装设计师董怀光等20多位全国知名服装设计师、专家学者和企业生产技术管理人员担任服装专业建设指导委员会专家，把这些专家名师引进学校，建立名师工作室，现已建成名师工作室13个。此外还定期在校内开设学生与名师直接对话的"名师讲堂"，让师生近距离接受名师的指导，提升教师和学生的专业技能水平，引领专业发展。

六、专业教师到企业实践，企业技师做学校兼职教师，打造专兼职教师队伍

学校十分重视"双师"素质专业教师的培养，制定了专业教师到企业参加生产实践的管理制度，规定所有专业教师每年不少于一个月时间到企业参加生产实践或挂职锻炼。实践的形式主要有两种，一是脱产到校外企业挂职，二是在校内教学工厂或工作室中带项目。通过专业教师到企业实践的管理、考核和激励措施，促进了专业教师的成长，使专业教师真正做到"拿起书本能讲，挽起袖子能干"，既是学校教师，又是企业技师。目前，服装专业"双师型"专业教师比例达到90%以上，基本形成了持续培养"双师"素质专业教师的长效机制。

同时，我们还聘请了37位企业技师做服装专业的兼职教师，他们或定期给学生上课，或在车间带项目、指导学生。

专业教师到企业实践，企业技师做学校兼职教师，打造了一支专兼职"双师"素质专业教师队伍。

七、把行业协会引进学校，指导专业建设

沙溪理工学校是中山市服装设计师协会的主要发起人，协会吸纳了近400名服装设计师为会员，每年协会都要组织设计师、服装商会、企业在校内举办产品发布与展示、设计师沙龙、服装新技术新设备推广交流等活动，为服装专业师生提供了许多很好的学习机会。同时，很多设计师会员都被学校聘为专业建设指导专家或兼职教师，指导专业发展。

八、与科研院所和行业企业开展产学研合作，让专业与产业企业深度融合

近年来，我们通过学校承办的研发中心、设计师协会、检测中心等产学研合作平台，先后与中国纺织科学研究院、上海和鹰机电科技有限公司、中山市英仕服装有限公司等 60 多家科研院所和行业企业开展全面、深度和高端的产学研合作，为服装企业提供新产品设计开发、精益生产、服装检测、电子商务和人才培训等服务，全方位推进专业对接产业链，让专业与产业企业深度融合。如：学校与中国纺织科学研究院合作建设的中纺标 CTTC 中山检测中心，为中山市及周边区域纺织服装企业提供便捷的纺织服装产品检测和认证服务，并为行业企业提供国家检测标准的解读和培训。

九、与高校合作建纺织服装学院，提升专业人才培养层次

沙溪是中国休闲服装名镇，产业发展对技能人才的要求愈来愈高，为了培养沙溪镇服装产业进一步发展所急需的技能型人才，促进服装产业转型升级，学校在 2012 年 12 月与中山职业技术学院签订合作协议，共同建立沙溪纺织服装学院，本着"资源共享、优势互补、互惠互利、共同发展"的原则为区域服装产业培养服装高技能人才。

十、与区域行业企业职业院校合作，牵头成立服装职教集团，带动区域职业教育发展

在广东省教育厅的支持下，我们牵头成立了广东省服装职业教育集团，与开设服装专业的省内职业院校、知名服装企业、服装行业协会等机构联合打造集产品开发、人才培养、科技推广、产品展示于一体的公共服务平台，带动了区域职业教育发展。

在职业教育深受重视的今天，如何能使职业学校紧跟时代的步伐，在竞争之中立于不败之地，在发展中真正服务地方经济，这是我们职教工作者面临的一个重要课题。我们知道，只有改革创新才能带来生机，改革是促进职教发展的必要途径，创新是推动职教发展的不竭动力。中职学校人才培养模

式的改革早已势在必行，更对促进职教可持续发展具有重要意义。

特色解读

中英合作的 IMI 学徒制

学校牵手英国高校诺丁汉中央学院开设英方认证 IMI（英国汽车工业学会）职业课程，汽车运用与维修专业获批"首批中等职业学校'现代学徒制'试点专业"，并成功组建首个 IMI 中英合作汽车专业班，成为中山市中英职业教育国际合作示范区首个落地的"现代学徒制"项目。

项目以"中英双主体，三方育人，双证书"为特色。按照合作协议，本项目引进英国先进的职教理念，在考评标准引进、课程体系建设、联合培养学生、教师互派等方面推进合作，并进一步协商服装、英语培训等领域的合作。双方将按照 IMI 标准指导，完成课程体系和教学资源环境的建设，成立 IMI 合作班并选拔学生进行培养。学生在成功完成 IMI 合作班学习后，将取得由 IMIA 所颁发的二级或二级以上职业资格证书，并获得英方推荐到指定单位实习就业的机会。

在双方努力下，目前，学校有四位老师已经通过英方 IMI 考评师考核，已有 2014、2015、2016 三届共 87 名学员顺利完成培训学习，取得中英双证书。

在 IMI 项目的带动下，学校进一步推进国际合作，多次迎来英国北方职教联盟访问团、德国工商大会上海代表处、美国密尔布瑞市政商代表团等外国团体到校考察访问、交流合作意向。

德育与智育并重

有许多种的教育与发展，而且其中每一种都具有自己的重要性，不过道德教育在它们当中应该首屈一指。

——别林斯基

德国教育家赫尔巴特曾说："道德普遍地被认为是人类最高目的，因而也是教育的最高目的。"这句话点明了德育在教育中的重要地位。在中职教育中，德育工作的地位则更为重要。随着社会经济的高速发展，人才竞争程度的加剧，企业对人才的要求也越来越高。除了专业技能外，更加关注他们的道德品质，并将诚信、敬业、责任感作为企业招聘员工的前提条件。我们都清楚，一个人不论智商多高，成绩多好，如果缺乏良知，缺乏良好的心理素质，缺乏职业道德，即使他能力出众，水平高超，也不能适应就业岗位的需要，因为这样的人更加危险，甚至可能会走上违法犯罪的道路，给企业和社会带来更大的危害。正如人们所说：智育不好出次品，德育不好出危险品。中职教育是最大的民生工程，从某种意义上同样可以说，中职德育是最大的稳定工程。社会经济发展需要培养数以亿计的高素质的劳动者，这个目标的实现需要中职德育作支撑、作保障，我们深感责任重大，使命崇高。

毫不讳言，近年来，职业教育受到国家和社会的高度重视，迎来前所未有的发展机遇，但中职德育的现状和前景并不乐观。从目前中职德育的现状分析，德育工作虽常抓不懈，但收效甚微的原因大致如下：第一，中职生源素质起点低。随着高校扩招，一些高校的门槛越来越低，高中生只要成绩不是太差，很容易考上大学。这导致初中生选择读高中的人多了，只有那些成绩实在太差，或家庭条件不好的学生选择进入职业学校。这部分学生成绩差，绝大多数都不是智力的原因，只是因为没有端正的学习态度，或者没有良好的学习环境和习惯，从而导致很强的厌学情绪，当然也导致德育工作的难度增大。第二，学校重视程度不够。在职业教育大发展的浪潮冲击下，中职学校的竞争加剧，一些学校为了生存，为了扩大社会影响力，片面强调招生和就业人数，无底限扩招，并将工作重点放在学生的专业知识和技能培养方面，忽略了学生的行为习惯养成和职业道德教育。第三，教师的德育经验和动力欠缺。生源的基础薄弱，学校缺乏相应的重视都造成中职教师缺少德育工作的动力。甚至有人认为学生的德行在之前十来年的教育中都没有改变，仅凭中职三年就让学生脱胎换骨，无异于痴人说梦。"铁路警察，各管一段，我们只要管好这三年就行，无法顾及学生今后的人格塑造、品德养成等问题。"据调查，当前中职学校德育工作的途径多为：思想品德类课程、各类文化活动、学校的软环境、班主任管理等。其中，班主任管理是最主要、最直接、最有效的。但班主任日常琐事繁多，面对班级几十人各种各样的思想问题有些疲于应对。很多班主任又缺乏德育工作经验，没有信心教育好每一个学生。第四，家庭教育的缺失。家庭是孩子的第一课堂，家长是孩子的第一任老师，且是终身制的老师。但许多家长却过分依赖学校，孩子出了问题就找学校、找老师，对孩子的不良行为习惯束手无策，甚至无法与孩子进行交流，对孩子的内心世界一无所知；也有的家长认为给孩子提供优渥的生活条件，在经济上满足孩子的各种需求就算尽到责任了；还有些家长忙于工作，根本无暇顾及孩子；当然也有家长自身品德言行失范，不能给孩子提供榜样作用；等等。家庭教育的缺失给学校德育工作带来极大难度，正如有人说家庭教育失败，会导致教育的结果是"5＋2＝0"。

从以上分析不难看出，中职德育工作依然任重道远，中职学校很难在短期内凭一己之力改变现状，立德树人将是我们长期"内修外炼"的工作。值得欣慰的是，我们的教师既敢于面对这一现实，又从不妄自菲薄，始终牢记教育的根本使命。他们从不将学生成绩不理想和失败画等号，并且坚信，曾经在小学、初中表现不突出的学生并不是失败者，天生我材必有用，每一位学生都能成为有用之才，只是他们的潜能没有发挥，个性没有凸显，他们更希望得到他人的关心与尊重，希望获得成功与肯定，成长为对家庭、对社会有用的人。

在德育工作的实践中，我们从以下几个方面做出努力：

一、转变思想，更新德育理念

提高重视程度，坚持以人为本，强化立德树人的意识，以"让学生学会做人，学好技能，为学生幸福而有意义的一生打下良好基础"作为我们的育人目标，树立起"以文化人，德技双修"的德育理念，促进学生全面发展，健康成长。

在中职阶段，学生学会"做人"是最重要的。这一阶段，学生正处在价值观、人生观和世界观形成的关键时期。因为他们的学习基础相对较差，未能养成良好的行为习惯，面对的多是来自社会或家人的否定，导致他们不能正确认识自己，缺乏自信、自强、自立精神，极容易被一些不良思想蛊惑。同时，一些人将中职教育等同于就业教育，认为学生在中职阶段只要学会技能，能够胜任相应的岗位工作即可，这导致一些中职学校走入重视技能培养，忽视德育教育的误区。社会的轻视、学校的忽视、自身的错视让学生的成人成才之路更加艰难，也给中职德育工作造成重重压力。因此，我们要转变思想，更新观念，认识到培养学生做人的重要性，要根据中职学生思想和行为的特点，努力培养和教育他们学会做人、学会学习、学会生活、学会工作，努力把学生培养成为品行优秀、德技双馨的高素质劳动者和技能型人才，让学生能够凭着高超的技能胜任岗位工作，凭着优秀的品德得到社会的认可。

二、建设优秀德育队伍，丰富德育课程

根据全员育人的原则，学校全体教师秉承"以文化人，德技双修"的

德育理念，遵循"三贴近、三整合、三统一"原则，着力打造"学校、家委会、社区、行政部门、校企合作单位"的全员德育网络，构建了学校、专业部、班级、家庭的育人一体化管理体系。班主任是学校德育工作的主力军，班主任素质的高低决定了学校德育工作的质量，也影响着学生的成长发展。学校建立名班主任工作室，推选最优秀的班主任，带动全校班主任共同进步。尽可能多地提供班主任学习和培训的机会，提升班主任工作能力，打造一支高水平、高素质的德育队伍。执行"德育部长和行政选拔班主任和副班主任，班主任选拔科任老师"的优化组合制，形成了政教处、专业部、班级、教师合力管理，全员育人，使得人人有爱，人人有责任。

通过一年四期的"班主任专业化课程"，对全体班主任和德育课教师进行培训，营造"教书育人、管理育人、服务育人、环境育人"全方位的育人环境。积极培养学生的社会主义核心价值观，以倡导社会主义核心价值观为重心，教育主动与价值链对接，开设德育课程"职业生涯规划""职业道德与法律""哲学与人生""心理健康""经济政治与社会"等。还开设礼仪教育、国学课、时事政治、模拟法庭等多种形式的特色德育课程，对学生进行职业生涯教育、职业理想教育、职业道德教育、法制教育等，提高学生思想政治素质，增强学生辨析社会现象、主动参与社会生活的能力。

三、校企文化渗透，拓宽德育的途径

中职教育以"为国家和社会培养高素质劳动者和技术技能人才"为目标，这一目标决定了中职德育具有职业性、岗位性、先进性等特点，这些特点要求中职德育要注重学生职业理想、职业道德、职业纪律等方面的教育和培养，也意味着中职德育不能只满足校园环境的熏陶，课堂教育的灌输，更要向社会和企业延伸，让学校德育与社会德育、企业文化相互渗透。正如教育部鲁昕副部长所提出的："把工业文化融入职业学校，做到产业文化进教育、工业文化进校园、企业文化进课堂。"因此，我们建立与优秀企业文化相对接的中职校园文化，通过精神引领、物质承载、行为示范、制度约束、环境熏陶等，使中职学生在思想观念、行为准则、价值取向等方面实现性格塑造、精神丰富和心灵升华，让学生能够从中感受到企业文化氛围，领悟企业精神内涵，并能培养职业道德，提高职业能力，增强安全、质量、效率等企业工作意识，毕业后能尽快适应企业环境、进入工作状态。

四、加强管理，完善制度保障

管理是育人的一种特殊形式，管理的过程也是德育的过程。首先，要确定管理目标。在此基础上根据中职生品德发展的特点与德育规律，对学生动之以情，晓之以理，导之以行，让学生在思想与道德观念上具有辨别是非的能力，把培养学生职业技能、个性发展与人格完善有机结合起来，全面提高学生的综合素质。其次，建立管理机制。道德建设需要制度建设来保证，学校德育管理制度是学校内部对德育管理行为的硬性规定，是实现学校德育目标的制度保障。合理的、完善的德育管理制度，有利于学校德育工作的开展和德育目标的实现。再次，落实管理行动。实践是检验真理的唯一标准，再好的想法最终也要落实在实践中，管理措施最终也要落实在行动中。在管理制度的规范下，我们从小处着眼，从细节把关，对学生的思想理念、言谈举止、组织纪律等方面管理到位，让他们拥有中职生应有的精神风貌。

一直以来，中职生都是世人眼中让"父母操心、老师闹心、社会担心"的群体，被看做是传统教育下的"失败者"。同时，他们也是未来的产业工人，是国家建设的栋梁，是不能被放弃的群体。他们也有梦想，也渴望成功，也有接受教育的权利。我们尊重学生的本性，本着让学生每天都有进步的指导思想，既要求他们熟练掌握职业技能，提高就业能力，也着力提高学生的综合素质，还注重塑造学生的高尚品格和人格魅力。学校通过多姿多彩的文化生活、扎实有效的专业教学、灵活多样的社团活动、富有创意的实践活动，为学生搭建了一个发展个性、增长才艺和施展才华的广阔舞台，也培养出一大批高素质的技能型人才。

　　例如毕业生刘庆苗，毕业后到中山市凯达精细化工股份有限公司制罐厂工作，从一位普通工人成长为车间主任。他在自己平凡的工作岗位上大搞技术改造，完成大小革新和改造 20 多项，直接创造经济效益 300 多万元，综合经济效益 800 多万元，为促进企业生产发展、技术进步和效益提高做出了不平凡的业绩，先后荣获中山市十大杰出青年、中山市劳动模范、广东省劳动模范、全国五一劳动奖章、全国劳动模范等荣誉，现担任中山市政协委员。

　　毕业生陈雅洁，八岁时遭遇一场意外导致左手残疾，自信心深受打击。在沙溪理工学校读书时，通过教师的引导和帮助，她变得乐观自信，凭借自己的创意和能力在技能大赛时单手做出一件精致的女西装，令评委震撼，观者动容。经过三年的学习，陈雅洁找到了自己的梦想和人生的舞台。如今，她创立了自己的服装品牌"果素"，建立了属于自己的公司，在珠三角地区多个大型商场开设专卖店，正一步步走出国门，走向国际。

　　刘庆苗和陈雅洁的成功和幸福，代表了沙溪理工一大批学子的成长之路，也为更多的中职生指明了前进的方向。在育人成才的过程中，我们尊重个性发展，给学生搭建了自由成长的平台，也重视知识传授与技能锤炼，德育与智育并重。二者相辅相成之下，培养出大批社会所需的中高级技能人才和管理人才，他们在各自的岗位上发挥聪明才智，成为当地经济建设和社会发展的重要支撑力量。

特色解读

德育特色

　　中山市沙溪理工学校在德育方面尤为注重人本教育中的德化思想，根据自身实际情况，破旧立新，不断加大德育工作的改革力度，积极开展德育工作的创新，吸收和借鉴时代的新思想、新经验、新成果、新技术，不断提升新时期人才培养的水平，在继承中强化德育工作，在强化中创新德育工作，开创了职教德育工作的新局面。

　　本着"以文化人，德技双修"的德育理念，我们实施"特色学分制"，开展女生教育与心理教育、志愿者活动，结合实训、实习、考证、就业等实际，辅导职业规划，也开展了影视课教育、社团活动等具有特色的德育管理活动。

向课堂要效益

> 培育能力的事必须继续不断地去做，又必须随时改善学习方法，提高学习效率，才会成功。
>
> ——叶圣陶

说到效益，似乎有些社会化。经济发展讲效益，企业盈利也讲效益。同样，我们课堂教学也要讲效益。要把课堂教学效益最大化，我们的教学质量才能不断提升。那么，什么是课堂效益呢？我们认为是在教学过程中，在老师的指导下，学生通过学习产生的变化、取得的进步和成绩。也就是说通过每节课的学习，学生是否有所收获，是否发生了从不懂到懂，从不会到会，从少知到多知的变化。

课堂教学效益的最大化是我们教育工作者的理想状态，也是我们的不懈追求。为此，很多一线教师也在不断更新理念，探索教学方法，并反复地实践，如分组教学、目标导学等。但往往是热热闹闹地走过场，课堂实效并不理想。我们知道多数中职生对课堂学习兴趣不大，但他们正处于学知识、练技能、塑品德的阶段，课堂始终是教育的第一阵地，如若失守，学生在课堂讲话、睡觉、玩手机……那我们的教育从何谈起？课堂的教学效益从何谈起？

为了提高课堂效益，我们也做出了很多努力，如请专家来校授课，学习英国教学法、翻转课堂、信息化教学、微课教学等。也派出大批优秀教师外出学习，甚至出国去新加坡、德国学习他们的先进理念和方法。我们要求教师要善于学习，也要善于思考；要学会做事，也要学会总结。平时的科组交流、集体备课也为教师们提供了一个集思广益的平台，大家同心协力，绝不浪费学生有限的学习时间，要向课堂要效益，要打造集高效、趣味于一体的课堂，让学生学在其中，乐在其中。

什么样的课堂是高效课堂呢？首先，要有明确的教学目标，这是有效教学的前提，我们在验证课堂教学效益时，应该以教学目标的实现程度为依据。教师在制定教学目标时应该遵循教学规律，遵循学生身心成长和发展的规律。其次，学生能够积极主动地参与到教学活动中，这是有效教学的基本特征。教与学从来都是师生互动的过程，传统的课堂教学中忽略了学生的主观能动性，将课堂教学演绎成教师的独角戏，至于学生的反应则不被关注，师生之间缺乏交流，教学效果自然大打折扣。我们认为缺乏学生互动的教学没有活力，缺乏趣味的教学是在浪费时间，也在消磨学生的学习兴趣。课堂教学必须要学生积极主动地参与，是师生双方围绕教学目标共同努力的过程，因此，教师要不断调整教学策略，更新教学方法，让学生成为课堂教学的主体。再次，教师应该采取有效的教学方法，这是提高课堂教学效益的直接途径。高效课堂离不开有效且多样的教学方法，这也是令一线教师头疼的问题。多年来，教师们探索的教学方法种类已然不少，但大家似乎还苦于缺少适当的方法。因为每一届，甚至每一个学生都存在较大的个体差异，本着因材施教的理念，找到真正适合学生的教学方法并不容易，这需要教师在工作中不断实践，反复探索。高效课堂的教学目的就是让学生能够在有限的时间内取得最好的学习效果，本着这一原则就可以检验出何种教学方法最适用。最后，课堂教学效益最大化的理想状态是能促进学生进一步学习。高效课堂教学要能够激发学生进一步学习的兴趣，保护学生主动学习的动机，课堂教学结束后，能延续学生继续探究的愿望。诚然，能够做到以上几点，我们的课堂教学就是有实效，有意义的。

提高课堂效益，教师是主力。作为课堂的主导者，教师要以"精讲多练，轻负担，高效率，重实践"为原则，带给学生集知识性、科学性、思想性、趣味性于一体的高效教学，让学生能够轻松学习，主动思考。我们认为教师可以从以下几个方面考虑：

一、优化课堂教学设计

教学设计是教师对每一课的统筹安排，要体现科学性、合理性，要遵循教学规律，其中包括明确教学目标、筛选教学内容、选择教学形式和教学方法、调控教学时间等。在明确教学目标时，要注意其合理性，既能激发学生的积极性和主动性，又能指导和制约课堂教学活动。同时，教学目标不能太高，避免因无法实现而让学生的积极性受挫，目标也形同虚设；教学目标也不能太低，很容易达成的目标则会使学生的成就感降低，其学习兴趣也会随之降低。教学内容的选择是为教学目标服务的，也是围绕教学目标展开的，因此在选择上可以有一定的自由度，不必拘泥，但要注意突出重点，联系实际生活，让学生更容易接受。教学内容宜精不宜多，在有限的时间内，讲清楚重点内容，而不需要面面俱到。教学形式和教学方法一直是让教师颇为头疼的问题，摒弃传统的授课形式，创新科学的教学方法是人所共知的，但在实践操作中总会遇见各种问题，使新的教学法难以推行。我们认为在教学形式和教学方法上，要根据实际情况采取适合学生的方法，不必随大流，不该人家用什么方法，你就生搬硬套地拿来。当然，我们可以借鉴好的理论和方法，但要有所取舍，灵活运用。教学时间的合理调控是必要的，只有充分利用教学时间，才能高效完成课堂教学。因此教师要对教学内容和教学时间进行精准的规划，尽量避免人为因素导致的时间浪费。教师在课前应做好准备，认真备课，备好教具，教学语言精练，课堂控制到位，尽量使时间利用率达到最大化。

二、因材施教

学生之间存在着个性差异，就像教师不能用教普通高中学生的方法来对待中职学生一样，即使在同一个班级，教师也要针对不同的学生采取不同的方法，才能确保调动起每一个学生的积极性和主动性。在教学过程中，学生的接受程度不同，教师不能因此偏爱某些学生，却歧视另一些学生。但可采取一些方法，如分层教学、分组教学或个别教学等方法，让每一个学生都能学有所得，在学习中积极主动地展示自我，发展自我。

我们知道，社会发展对人才的要求是多方面、多层次、多规格的，职业教育培养出的人才更不能千人一面，而要发挥他们的特长，让他们能在今后的工作岗位中各展所长，各尽其能，成为能够独当一面的人才。因此，在教育教学中，针对不同的学生要有不同的方法，要因材施教，不能一概而论。

三、授人以鱼，更要授人以渔

教师不是知识的"搬运工"，不应该将书本上的知识拿来直接灌输给学生，我们只是课堂教学的引导者，学生才是课堂的主体。因此要转变观念，使学生由被动变为主动，为他们提供民主、平等、和谐的受教育环境，让他们不是死板地学习，而是学会思考和创新，掌握学习的方法，培养学习能力，包括自主学习能力、团队合作能力、创新探究能力等，进而让学生能够持续地自我学习、自我提升。这样，我们以学生为主体，以能力为本位，不仅通过课堂教学达到对知识和技能的传授和掌握，还能激发学生的创造性思维和自我学习的兴趣，有利于促进学生全方位发展和终身发展。

当然，要将课堂教学效益最大化，只靠教师的努力是不够的，学校应成为教师最强有力的后援。因此，我们将提高课堂教学效益作为重点工作推行，并采取相应措施：第一，提升教师业务水平。这是学校工作的重中之重，并应常抓不懈。因为教师是教学工作的执行者，也是教育质量提升的保证，是教育一线工作的主力军，对学生成长的影响至关重要。我们非常重视教师的工作和学习，每年都会安排各种培训，包括长期和短期培训、国内和国外培训，聘请专家来校培训，派出教师到兄弟院校学习交流，以老带新学习，下厂实践学习等。并通过多种方式对教师业务水平进行评价考核，激励教师不断学习，不断提升。第二，提供良好的教学环境。学校尽最大努力提供精良的教学设备，如今在每个班级都能使用教学一体机进行多媒体教学，搭建数字化教学平台，每个专业部都有自己的教学资源库。同时修建了几十个功能场室，包括与企业合作的工作室，如十点钟文化传媒工作室、针织工作室、婚纱设计工作室、印花工作室、一体化工作室、三创空间、陶艺室等，工作室的教学环境就是企业工作环境。不论是在课室还是在工作室学习，都为提升课堂教学效益带来极大的便利。第三，建立健全监督管理体系。学校建立了科学有效的教学监督管理体系，从行政人员到普通教师都参与其中，制定了课堂考勤制度、巡课制度、听评课制度等一系列行之有效的监督管理制度，对课堂教学进行严格管理，从客观上促进课堂教学效益的提升。

诚然，在社会急剧发展变革的时代，课堂教学既要追求效益最大化，也要关注人的成长及需求；既要着眼中职生的全面发展，也要适应社会经济建设的需要。因此，中职课堂教学的效益问题一直是我们较为关注的问题，也是我们要持续探索的问题。

特色解读

民族服饰博物馆

中山市沙溪理工学校与海南锦绣织贝实业有限公司、海南传世黎锦工艺研究所等企业和科研机构合作，共同打造了服装专业教学实践基地——民族服饰博物馆。20世纪80年代，走向世界的中国时装设计的拓荒者张肇达为博物馆题名。馆内收藏有代表性的中国黎、瑶、苗、侗、彝、壮、水等多个少数民族的服装、饰品、织物、蜡染、刺绣等传统民族服饰精品及制造工具。其中的黎锦已经有三千多年的历史，被誉为中国纺织史上的"活化石"，作为中国非物质文化遗产，被列入联合国非物质文化遗产"急需保护名录"。

学校创建民族服饰博物馆，既为了保护这种非物质文化遗产，也为了在校企合作中，帮助企业创新民族品牌，提升产品文化内涵和工艺水平。同时，可以让学生近距离感受中国民族传统服饰的文化魅力，品味传统服饰中的文化内涵，这是沉淀了几千年的文化精粹。希望学生借此开阔视野、激发灵感、创新思维，将这些传统文化的精华融入到现代服饰设计中，继承并发扬光大。

塑造文化育人的品牌

　　说到底，文化就是"人化"和"化人"。"人化"就是按人的方式改变、改造世界，使任何事物都带上人文的性质；"化人"就是反过来，再用这些改造世界的成果来培养人、装备人、提高人，使人的发展更全面、更自由。"化人"是"人化"的一个环节和成果、层次和境界。

——李德顺

　　在谈到文化育人时，有人这样评价沙溪理工学校："以文化之为，谋职教之位；以职教之为，谋社会之位。"正是历史文化的积淀、先进文化的引领、多元文化的交融以及独特的地域文化和社会条件，孕育了如今枝繁叶茂、繁花似锦、硕果累累的沙溪理工。解读沙溪理工二十几年的办学经历，其个性特色、人文特质、职教特点建构了学校今日独特的文化品牌。正是文化的渗透、浸润、熏陶，使得教育的幸福张扬品质，幸福的教育彰显品位。

　　从 1991 年创办至今，中山市沙溪理工学校从仅有两个教学班、100 多名学生，在竞争激烈的二十多个年头里，发展成一所有 80 多个教学班、5000 多名学生的全国重点中等职业学校，并于 2013 年成功评选为首批"国家中等职业教育改革发展示范学校"。在"敢为人先"的孙中山精神鞭策下，沙溪理工人不断浸染博爱包容、务实开放、浪漫创新的香山文化，秉承"自强不息、和谐发展"的文明精髓，开拓进取、务实创新，提出了"以精神文化为核心，以物质文化为依托，以行为文化为推动，以制度文化为保障"的建设思路，旨在打造充满幸福感、高品质的示范性学校文化。走出了一条有个性思想、有生命依托、有团队行为、有制度保障、有活动成效、有品牌成果的特色职校文化发展之路。

一、以精神文化为引领

精神文化是一所学校的灵魂，凝练出学校个性思想。一所学校的精神文化，主要体现在它希望将学生培养成为怎样的人。90年代初，沙溪镇政府在侨商侨胞的倾情支持下，投入巨资建成这所镇办中职学校第一期工程，并借鉴香港理工大学的名称，创新性地命名为"沙溪理工学校"。在学校创立初期的大环境下，职业教育并未得到社会的足够重视，在一些人眼里，职业教育、职中学生都低人一等。在这种情况下，沙溪理工人没有妄自菲薄，也没有灰心丧气。他们清醒地认识到，职业教育是与经济社会发展联系最为密切的教育。随着中山市"工业立市、工业强市"战略的实施，服务业迅速扩张，技能人才需求大幅攀升，职业教育大有可为。在新的历史机遇面前，沙溪理工人认识到，只有勇于创新、追求卓越，做大做强做精，才能实现和证明自己的价值。

那么，自己到底有何价值？这是每一位沙溪理工人都必须面临的问题。经过深思熟虑和长久磨炼，学校提出了"教学生学会做人，学好技能，为学生幸福而有意义的一生打下良好基础"的办学理念，树立了"自强不息，和谐发展"的校训，营造了"求真、务实、崇善、尚美、博爱、和谐"的校风和"德能兼备，爱生敬业"的教风，打造"有为才有位，有位更要有为"的团队精神，倡导每位教师"以学校为家、以工作为乐、以学习为本、以奉献为荣"，最终凝练成"沙溪理工人精神"的文化精髓，也是全体教师的精神共识——打造幸福的职业教育。

什么是幸福职教文化？幸福职教文化，就是从传统文化中汲取精华，以感恩教育为基石，以内涵发展为目标，旨在培养一个个有文化、有技能、有内涵、阳光自信、知恩图报、积极向上的青少年。一个人，因为有理想、有抱负而充满希望，又因为有能力、有文化可以实现梦想，无疑是幸福的；一所学校，因为让学生"有为有位"不断受到社会的重视，从原本的弱势群体变为有用的建设力量，无疑是成功的。沙溪理工人知道，培养一个优秀中职生和培养一个优秀大学生同样重要，但前者更为艰难，因为中职生的文化基础较为薄弱，其不良行为习惯的纠正难度更大。沙溪理工人知难而进，笃定坚持"教学生学会做人，学好技能，为学生幸福而有意义的一生打下良好基础"的办学理念，并将其化为育人目标，通过有益有效的教化，让学生摆脱初中学习的挫败感，重建自信，让学生能够自强自立，靠优秀的技能去创造幸福的生活，靠良好的品德去赢得社会的尊重，让越来越多的外来工子弟带着技能融入城市，让一代代年轻人凭借实力创造事业，让无数家庭因为子女有成而更加稳固富裕，让当地企业因为人才充足而从容应对竞争。为了让学校师生和外界更加直观地感受到学校的精神文化，学校在历史概述、校歌、校徽等个性形象符号上下功夫——对学校发展历史、现状和方向进行充满文化韵味的总结和提炼，写成气势浩然、朗朗上口的《理工赋》；由学校教师亲自谱曲填词，经过专业把关，制作出情真意切、激昂励志的校歌《一起飞》；美化学校校徽，融入学校发展注重现代化、充满历史底蕴、与国际接轨的文化特征，增强了视觉的识别性和记忆度，让观者在一瞬间就能感受到校徽所承载的优良的学风、良好的校风、精锐的师资和严谨的治学态度。

二、以物质文化为依托

物质文化是学校文化的必要基础，也是学校文化的重要依托。在营造学校物质文化上，沙溪理工人注重人文气息的注入，以人文精神为核心，将传统与现实相结合，确立了"以环境育人"的观念，着眼于环境与人的互动关系，侧重从两个方面入手：一是使有形的物化景观承载无形的文化内涵，使每一处景点和设施都成为具有特定意义的文化载体，起到潜在的教育、滋养作用，提高校园环境的文化厚度和思想深度。如校园内的建筑墙体、实训场室、巨石雕塑、字画装饰、指示标牌等，就地设景，自然古朴，清新秀雅，蕴含着深厚的文化底蕴和浓厚的人文气息。二是使静态的物化载体更好地满足师生的审美情趣和活动需要，便于大家在这些场所中更加舒适地交流学习、互相协作，做到以诚相待、融洽相处，从而营造和享受和谐的人际关系。如开放式的综艺活动厅，布置独特的文化橱窗，可供驻足的艺术走廊，树荫下简约干净的石椅等景物入眼、适体、舒心，使得校园洋溢着浓郁的人文关爱和清新的生活情趣。在物质环境建设过程中，沙溪理工人力求让每一个建筑都能说话，让一草一木、一砖一瓦都能洋溢感恩与回馈的幸福。由于原为华侨捐建，学校的多数建筑和场室都以捐资者的名字命名，如王立文伉俪综合楼、陈伯成馆等，以此提醒师生要铭记社会各界的厚爱。学校还设置"饮水思源"的喷泉和"感恩石"等，以此教育学子知恩图报、勤攻学业、自强不息、贡献社会。

学校还建成了记录发展历史的校史馆，新生、新教师入校的第一课，就是到学校校史展览馆去了解学校的发展过程，因为我们认为"不知道学校的昨天，就不懂得珍惜学校的今天和明天"。从校史中，师生感受到学校一路发展的不容易，从而产生归属感，也由此明确自己的成长方向。漫步校园，可见石碑错落，雕塑生动，每一处都溢满文化的气息，每一处都可见情感的传递，每一处都蕴含着感人的故事。

学校的物质文化不应脱离自然、健康的本色。随着学校基建不断增多和加快，物质文化建设日益丰富。在沙溪镇委镇政府的高度重视和学校附近格坑村民的热心支持下，学校后山先后迁墓一百二十三座，再经数月精心建设，建成学校文化公园——樟园。园中保留古香樟百十棵，巍峨超拔，错落挺立，绵延成林。林中清风飒飒，林下芳草茵茵，林前泉水潺潺，成为师生感念民恩、休憩养生的绝佳场所，更成为学校"爱护自然，和美理工"的真实见证。同时，作为国家改革发展示范校，学校还结合专业特色打造了具有专业品位的物质文化，美化环境。对此，学校各专业提出了独具特色的"文化口号"——"美的事业，时尚人生"的服装专业文化，"创新动力，品质生活"的汽车专业文化，"诚信为本，精准理财"的财经专业文化，"设计生活，陶冶思想"的工艺美术专业文化，"分享信息，畅想世界"的计算机专业文化。每个专业部都在显眼位置设置了"师生风采"照片墙，将本专业师生在课堂实训、文体活动、聚会交流等情景定格，引当事者回忆，引路过者驻足，共同分享师生的欢笑与温情。

在专业文化的引导下，学校各专业不断加强工作室、展示厅、教学楼走廊、楼前广场等场室文化建设。如服装专业建成了民族服饰文化博物馆。该博物馆由学校与海南锦绣织贝实业有限公司、海南传世黎锦工艺研究所等企业和科研机构合作，收藏有中国黎、苗、侗、彝、壮、瑶、水等多个少数民族的服装、饰品、织物、蜡染、刺绣等传统民族服饰精品及上百件制造工具。汽车专业将专业创办之初使用的汽车发动机拆卸出来，重新喷漆，做成雕塑，成为汽车教学实训楼前别具匠心的一道风景线。工艺美术专业开办品味高雅的美术馆和修身养性的陶艺室，展示本专业师生作品，收藏名家名作，还开办了广告设计、动漫设计等工作室，承办学校各种印刷品设计和制作任务，成为了专业师生修身养德、锻炼技艺的绝佳场所。还有现代化的服装实训基地、高科技的纺织品检测中心、高质量的研发中心、时尚潮流的名师工作室、兼容并蓄的创意设计园等多项文化场室设施，为广大师生提供了温馨优美、高雅舒适的学习和生活环境。学校还借助以上文化场室，常年举办各类文化艺术活动，举行学校社团文化汇演、志愿者活动专场等。各专业也根据自身特色，与企业合作举办教学成果展、专业服务活动等。如服装部、工艺美术部每年举办学生毕业设计作品展、校企合作产学研成果展等，汽技部每年举办汽车技能展示会，财经部举办职场礼仪展示，计算机部举办电商广告设计比赛及展示等。其中校企合作展厅已有深圳市百利达深贸易有限公司、通伟服装公司等十几家企业进驻，定期对外展示校企合作成果。

三、以行为文化为推动

行为文化是学校的具体行动体现，是文化由"虚"入"实"的重要落点。为使得学校的行为文化充分体现师生的主体地位，真正落到可持续发展的土壤里，学校梳理出专业发展、校企合作两大主线，在政府、行业、企业和社会力量的共同帮助下，吸收企业文化理念，将师生的个人发展融入到学校发展之中。

在专业发展方面，学校构建了"中职沙溪服装专业与沙溪服装产业对接"的服装设计与工艺专业人才培养模式，"沙溪中职汽修教学做三位一体"的汽车运用与维修专业人才培养模式，"沙溪工美专业分层式教学一体化"的工艺美术设计专业人才培养模式，"沙溪电子商务校企互联"的电子商务专业人才培养模式，形成了优势突出的专业文化。学校还以仿真教学为基础，根据专业的不同特点，以职业能力培养为本位，以理论学习、项目训练、典型岗位、实岗实训、技能考试等所包含的知识、能力、素质要素为依据，构建特色鲜明的"服装专业技能与生产岗位对接""中职汽修层次＋模块""工美专业课程与企业对接""电子商务四位一体"等具有中职教育特点的新型专业课程体系。在全体师生的努力下，学校五大专业均晋升为广东省中等职业教育重点建设专业，其中服装专业还开设了纺织品检测专业方向，在全国中职学校范围内属于首创。

随着专业发展不断拓宽了市场空间和品牌吸引力，学校的校企合作也获得了更多的发展机会。学校还致力于引入丰田公司6S管理模式、联想公司最优化理念等先进的企业文化，与中国纺织科学院、中山市科技局、广州美院等二十余所科研机构和高校以及100多家企业等开展全面、深度和高端的产学研合作，使得学生"上学就是上班，上课就是上岗"，让学生在学校做学习知识的主人翁，在企业做创造财富的主人翁。近五年来，学校全面实施校企合作和产学研一体化，创立了"专业对接产业链、教育对接价值链"的办学模式，从专业拓展、实训中心、专业教学三个方面对接产业链，让人才培养更加面向和满足市场需求。如服装专业全面融入了服装产业链中的设计开发、工艺、检测、陈列、表演、营销、物流和电子商务等环节，建成了"一个基地、三个中心、一个协会"；汽车运用与维修专业与沙溪雄鸣汽车维修厂、北京中鑫创投有限公司合作打造汽车实训基地，建成钣金、IMI项目等实训工作室；电子商务专业与深圳国泰安信息科技有限公司、中山市迪希亚网络科技有限公司联合建成网络、摄影、电商等工作室；工美专业与中山市启航科技网络有限公司建立的工作室，以3D电子地图、平面广告设计、商品摄影、淘宝美工等培训为主；财经专业建成融企业产品展示、现场教学和营销实训于一体的三创基地。学校还与中山市休闲服装研发中心、暴风公司合作建成中山市服装行业电子商务产学研合作公共技术服务平台并运营触电网，支撑纺织品检测中心通过国家 CNAS 实验室认证和广东省质监局 CMA 认证，获得独立从事纺织品检测业务并出具法定检测报告的资格。

在校企合作过程中，学校也善于借助企业的管理经验和文化资源，为学生开办企业培训班，如霞湖世家店长班、英仕学生实训专线、丰田精英班、IMI 中英合作汽车专业班等。这既开拓了师生视野，又拓宽了学校的管理思路、丰富了办学资源，促进校企合作的蓬勃发展和良性循环。学校还聘请了中国服装设计师协会副主席张肇达等一批全国知名的服装设计师、清华大学美术学院染服系主任肖文陵等全国知名学者担任学校专业建设指导委员会的专家顾问，开设学生与名师直接对话的"名师讲堂"；培养了一大批专业素质过硬、思想触角敏锐，与现代企业文化高度融合的技能人才。

在专业文化和校企合作文化的共同促进下，学校以市场为导向，全力实行仿真式教学，仿照企业的生产环境和管理环境，让师生从身心上适应"效率至上"的现代企业价值观，不断锻炼和提升职业素养和专业技能。如在教学改革上，实行"教代会选专业部长、专业部长选班主任、班主任选科任教师"的"优化组合制"，加强教师竞争意识，提高工作效率。同时，通过开设名师工作室和企业生产实训车间，承接企业多种小量订单，把消耗型实训转变成生产型实训，让学生作品变成企业产品，再变成社会商品，形成"尊重价值、追求价值、共享价值"的良好氛围。学校的文化时时吸引着师生，也处处滋养着师生，使他们善于发现和创造价值。

"理工崛起，我的责任。"上到学校行政班子，下到各部室，无数优秀教师将青春痛快挥洒，将智慧沉淀结晶。每一位教师都把理想根植于学校的发展中，精诚团结、日夜拼搏，以学校为家、以工作为乐、以事业为荣、以学习为志的教职工比比皆是。他们踏实上进，走上讲台能讲，挽起袖子能干，或走进企业实践专业技能，或参加全国骨干教师培训提高素质，或走出国门学习先进职教理念，先后涌现出全国百杰校长、全国优秀教育工作者、广东省名校长、南粤优秀教师、中山市名教师、全国十佳服装制版师、广东省十佳服装设计师等杰出代表。"理工兴，我荣；理工衰，我辱"，已经内化到学校师生的骨子里；"你好，我好，学校好，学校好才是真的好"，已经成为学校师生的集体追求。

四、以制度文化为保障

每个梦想都值得灌溉，每一个人都有权利期待。学校制度文化最根本的取向就是要尽可能地时时处处体现平等和公平。公平的制度多了，平等的氛围形成了，内部关系更加透明了，大家心里的不满就少了，对工作自然就会尽心尽力。一所职业学校制度的平等，主要体现在两处地方：一是各专业发展机会的平等，二是每位师生成长机会的平等。而公正的制度，就是为了尽可能维护这两者的平等，并协调其中可能产生的冲突和消耗。

为了尽可能达到这样的平等和公正，在制度文化的营造上，沙溪理工学校也相应地从两处入手，一是通过修订学校章程，为各专业确立可预期的发展前景；二是通过建立和完善各项管理制度，最大限度地保障每位师生的人身安全和人生发展。学校依据《教育法》《教师法》《事业单位人事管理条例》等国家法律法规和行政制度，制定《中山市沙溪理工学校章程》，即沙溪理工学校的"宪法"。其中明确并详细地制定了办学宗旨、学制规模、内部治理、师资队伍、专业课程、教务管理、教师管理、学生管理、校产管理、家校合作、校企合作、章程管理等内容，还根据实际加入了校企合作、后勤管理社会化等重要内容。同时，吸取企业文化中所倡导的优秀职业道德、严明职业纪律等制度和规范，在实习、实训环节中把企业生产、管理的各环节规章也融入到教师制度文化建设之中，制定出符合实际的，操作性强的科学化、人性化的规章制度。在管理上，学校以目标管理、层级负责为主导，制定和完善了一系列管理制度，努力建设一个良好的教学育人激励机制。

在抓教风、学风、校风的过程中，重点抓课堂教学的管理和评价，对每一节课的教学采取师生双向及教学巡查结合的评价方式，着力提高教师的全员质量意识，落实目标管理责任，分解任务，责任到人。尤其对重要教学质量目标，如技能竞赛、高考、技能考证、统考等的管理，更是层层把关、全程监控，使教学质量的管理落实在一个个实实在在的目标和任务上，并借助校园智慧平台等信息化手段加强过程中的检查、诊断、反馈、激励、导向和发展等环节的管理。在这过程中，学校不断建立和完善《中山市沙溪理工学校教育教学质量评价方案》《德育管理制度》《教学管理制度》《实习室管理制度》《教职工管理制度》《后勤管理制度》等大小制度数十项，规范了学校工作的方方面面。通过这些制度的实施，学校的制度文化发展完善，体现在一切结构、组织、形式、过程、方法、技术、行为方式、人际关系、心理氛围之中，使得无形价值在上述各领域的体现与制度所承载和推动的文化日渐趋同，从而建立起一个科学、公开、良性的激励机制，让教师在阳光下积极主动追求发展进步。校企合作是中职学校制度文化的重要部分和特色体现，也是学校文化建设中的一大难点。由于目前国家对于中职校企合作的相关法律法规还不够完善，产教融合、校企合作面临一系列实实在在的难题。沙溪理工人为此伤了不少脑筋，只能自己摸索着干，也吃了不少苦头。经过近十年的摸索、实践和改进，沙溪理工人创立了"一主多元"的校企合作运行机制，实行民主决策和依法公证的制度。沙溪理工人制定校企合作协议，规范合作时间、双方责任、管理模式等，明晰参与各方的权责。通过行政会讨论、修改后，召开教代会，将项目合同条款公之于众，一人一票决定通过后签名，请律师公证直至合法生效。这样的决策制度，不但有效防范了校企合作项目的潜在风险，也让学校师生更加明确自身的主体责任，提高积极性，更好地保障校企合作的顺利运作。

泰山不让土壤，故能成其大；河海不择细流，故能就其深。中职学校文化育人的可持续发展是千秋之业，不能只限于一日之功。路漫漫兮，求索不止。中山市沙溪理工学校将继续以大教育的目光与胸怀，以和谐发展的高度与广度，以幸福职教文化的信念和追求，不断吸收中华民族乃至世界的优秀文化，博采众长以滋养新时代的职业技能人才。

德育三大品牌

一大阵地——以班级为阵地，大力开展主题教育，月月有活动，次次有主题，样样出成效。

一支队伍——打造"学校—家长—社区居委会—政府部门—企事业单位—社会团体"的全员德育网络，学校被评为"中山市师德工作先进集体"。

一大平台——学校开设了模特队、街舞队、龙狮队、跆拳道社、管乐团、文学社、书法社、汉服社等30多个业余活动小组和各种特色鲜明的社团，让学生在每天的自我提升、自我调整、自我快乐中享受渐进式的成功。每年，学校都会举办学生社团汇演及其他各项文体活动，也组织学生参加各种德育竞赛，不仅给学生提供学习和成长的机会，也为他们提供展示自我的平台，深受广大师生欢迎。

管　理　篇

从学校安全管理说起

管理就是把复杂的问题简单化，混乱的事情规范化。

——杰克·韦尔奇

"校园应是最阳光、最安全的地方。"李克强总理一再如此强调。他在《政府工作报告》中谈及教育时也曾强调"安全"二字，他说："从家庭到学校、从政府到社会，都要为孩子们的安全健康、成长成才担起责任，共同托起明天的希望。"可见，安全教育是学校工作的重点，而对于中职学校来说，这一问题更显得十分关键。特别是近年来中职生源质量下降，学生综合素质参差不齐，学校管理难度增大，为防止发生各类安全事故，中职学校的校园安全工作就显得尤为重要。如何加强中职学校校园安全管理，实现"让学生成才，让家长放心，让社会满意"，成为当前各中职学校面临的一个重要课题。

在这个课题中，我们要解决的包括消防安全、食堂卫生安全、教学安全、学生之间的冲突等问题。而这些问题的现状是：

在消防安全管理方面：很多学校的宿舍或没有安装必要的防火设施，或安装了设施却出现过期或老化的问题，无法正常使用，更别提对学生进行消防知识和技能的传授了。

在食堂卫生安全管理方面：有些校园食堂只顾牟利，卫生环境较差，甚至有出售"三无"商品或过期食品的现象，给师生的饮食安全带来威胁。一些食堂工作人员的卫生意识、服务意识相对较差，服务质量低，食品卫生监督管理不到位。

在学生人身安全管理方面：中职学校的一部分学生无心向学，经常在班级、校内外寻衅滋事，拉帮结派，打架斗殴，还有吸烟喝酒，向弱小学生勒索钱财等不良现象。这些问题如果不能妥善解决，不但对学生个人、班级管理造成不良影响，而且会让社会对学校产生不良印象。

在交通安全管理方面：学生上学、放学的时间也是各单位上、下班的时间，道路车辆拥挤，很多学生骑车上、下学，他们交通安全意识不强，缺乏法律知识，很容易发生交通事故。

此外，学校的一些设备设施也存在安全隐患。随着近几年中职学校急剧扩招，学生数量激增，但学校的基础设施并没有相应增加或改善，一些学校场地拥挤，特别是有的楼道和楼梯间过于狭窄。再加上学校缺乏有效的监管措施，学生上、下课时很容易发生拥挤，存在踩踏的安全隐患。

学校安全管理所包含的内容较多，但我们在工作中不能存在一丝疏忽，因为你的一时疏忽，对别人可能就是一辈子的伤害。这就要求学校和教师引起高度重视，要立足校情，科学管理，与时俱进，开拓创新。

一、加强管理队伍建设，提高学校综合管理水平

加强管理队伍建设，是学校管理工作的关键。我们在工作中高度重视管理队伍建设，提高领导层的安全管理意识，打造出一支作风过硬、敢于担当、甘于奉献的管理队伍。在实际工作中，学校着手从以下几方面加强管理队伍的建设：

（1）加强学习，提高自身素质。学校注重加强政治、教育政策法规的学习，努力提高干部的理论素养和政策水平，贯彻依法治校思想，规范办学行为。努力学习先进的教育理念和管理科学，积极探索新形势下学校管理工作的新路子、新方法，提高对现代教育工作的驾驭力，力求学以致用，增强创新意识。

（2）优化作风，提升管理水平。学校要求干部遵守《教师职业道德规范》和学校的各项规章制度，不做有损教师形象的事，以身作则，做教师

的表率。学校各职能机构既职责分明又团结合作，形成管理合力，提高管理效益。教育干部们不断增强服从意识和纪律观念，做到"有令则行，有禁则止"，保证政令畅通。通过多种途径引导干部发扬敬业奉献精神，讲团结、比贡献，克己奉公，不以权谋私。要求学校干部发扬勤恳务实作风，注重调查研究，积极深入基层，及时掌握教育教学第一线工作情况。每位中层干部都必须下到专业部指导和参与部门管理，并进行绩效考核。

（3）健全制度，规范管理行为。积极推行和完善民主管理制度，坚持集体领导原则，学校重大事情由集体讨论决定。认真贯彻落实校务公开制度，做到公正、公平、公开，增加办事透明度，自觉接受群众和舆论监督。加强对学校干部的纪检监督，健全以教代会、校务公开为主的学校工作监督机制。完善学校干部考核制度，坚持过程管理与目标考核相结合，建立对学校安全等工作的警示制和领导责任追究制。每学年组织学校干部的全面考核。

（4）重视干部培养，激活用人机制。学校重视后备干部的培养，制订培养计划，确定培养目标，实行档案化管理；定期组织对学校后备干部的知识、业务培训；采取民主推荐、部门考察、集体讨论等程序提拔和任用干部。

二、完善制度建设，教学管理科学规范运行

学校试行了"双二级"管理体系，即专业建设实行学校（教务处）—专业部二级管理，学科教学实行教务处—学科教研组二级管理。各部门管理职责权限明确，协调配合，专业部、各科组围绕学校教学工作总目标确定出各自的学期教学工作目标，并按照学校模块化管理的要求，制订出相应的内部评比方案，定期评比，奖先进，促后进，搭建良性竞争平台。

学校重新修订了《中山市沙溪理工学校教学管理制度汇编》，进一步确立了"学校以教学为中心、教学以课堂为中心、课堂以效益为中心"的理念，严格规范日常教学行为，加强对备课、上课、辅导、批改、考试等教学

环节的督查和管理。根据教学常规管理制度的要求，重点做好了以下几个制度的执行和落实：①坚持巡堂制度；②严格备课制度；③落实课堂教学责任制；④完善课堂教学信息反馈和教师教学评价制度；⑤改进听评课制度；⑥推行教考分离制度；⑦加强培优辅差。通过强化过程管理，进一步规范教师的日常教学行为，确保学校教学工作的稳定、有序和高效。

三、落实安全管理责任制，保障学校稳定有序

学校依照教育部办公厅下发的《中小学校岗位安全工作指南》，结合实际工作，制定学校安全管理制度，明确岗位安全责任，进一步落实"一岗双责"职责和任务。成立了以校长为组长，主管副校长为副组长，职能部门负责人等人员组成的安全领导小组。下设安全办公室，由主管副校长担任安全主任，各行政部门分线负责，建立实用可行的安全预案和应急机制，有效预防安全事故的发生，确保全体师生健康成长。

同时，我们坚持"后勤工作必须服务于学校工作中心"的原则，力争做到层级管理，规范有序。一是及时做好为各类教育教学活动开展的后勤服务保障；二是按照规范程序完成各类专项资金、年度预算资金的政府采购工作；三是及时维修、维护及更新学校各类设备设施；四是根据需要及时采买，保障供应各类办公及教育教学实训物资。同时，学校实施校、部二级资产管理模式，构建较完善的信息化资产管理网络，建立了清晰完善的学校固定资产总账和明细账，为开展精细化后勤管理工作打下了坚实的基础。

四、开展安全教育，关注师生身心健康

学校加强安全教育，牢记安全第一，切实将安全教育和管理融入到学校日常工作的各个环节，加强校园基建、设备设施、用水用电、消防安全、宿舍食堂管理、教学集会活动、学生在校实训和校外实习等方面的安全管理工作。每学期举行四次全校性普法安全（禁毒、消防、交通、预防邪教等）教育大会，还利用各类集会、广播、专题教育会、主题班会（每班每学期

六节）以及其他教育宣传阵地，贴近学生实际生活开展交通安全、法制禁毒、心理健康、消防安全、防溺水、防台风、防诈骗、防艾滋病等内容的安全教育，力求做到安全教育无死角，不断增强学生的安全意识。其中法制安全教育采用新方式"模拟法庭"进行，把模拟法庭搬到学校，在全校实现了禁毒法制教育的全覆盖。"模拟法庭"教育活动连续几年获得中山市法制教育一等奖。

在管理上，我们也调动了学生的积极性和主动性，让学生参与学校的管理，成立了卫生督导组、宿管监察组、纪律督导组等。从清晨的出操开始，你可以随时随地见到执勤学生的身影，他们态度认真负责，举止文明大方，已经成为学校一道亮丽的风景。

另一方面，学校在不断发展的过程中，对教师的关怀也是本着"以人为本"思想。学校始终把教师的利益放在重要位置，在各种制度建设中尽可能尊重教师的利益，让教师的个人潜能得以充分发挥，让教师个体能够得到充分发展。

师生心理健康是学校形成良好风气和秩序的前提之一。开展心理辅导与咨询，使学生的心理问题得到帮助和解决，使学生的心理伤害降到最低，从而有效地化解学生之间的冲突和矛盾，减少暴力行为，有利于学校良好风气和秩序的形成。学校成立心理咨询室，由有经验丰富的心理教师专门关注师生心理健康辅导，为师生的健康成长保驾护航。

五、确保顶岗实习安全，实行安全承诺及强制保险制度

中职生顶岗实习阶段比较特殊，他们走出校门，分散进入社会工作岗位，但他们的身份还是未毕业的学生，如果发生安全问题，学校与企业、学生的责任区分不清，给学校的安全管理工作带来一定难度。鉴于此，学校建立了校、部二级管理机制，制定了《中山市沙溪理工学校学生顶岗实习管理规定》，明确了学生顶岗实习的种类，界定了学校和企业、老师和学生的各自职责。对顶岗实习学生的组织、管理和安全教育等工作提出明确要求，

结合相关考核与奖惩办法，有效推进顶岗实习的工作。同时，各专业部根据自身实际，结合学校要求，制订本专业部的实习管理规定及实施细则，明确提出各专业顶岗实习任务和要求，对学生进行动员和职业道德教育、安全教育，将任务书分发到每个学生手中，并要求学生与家长签好《学生顶岗实习安全协议书》。此外，根据国家有关规定，为实习学生投保实习责任保险。责任保险范围覆盖实习活动的全过程，包括学生实习期间遭受意外事故，由于被保险人疏忽或过失导致的人身伤亡，被保险人依法应承担的责任以及相关法律费用等。

为加强毕业生顶岗实习的规范管理，学校成立顶岗实习领导组，专业部成立由下部行政和部长担任组长的学生顶岗实习工作小组。顶岗实习工作由学校领导组和招生就业办统一协调布置，各专业部负责本专业顶岗实习的部长与班主任具体组织实施、管理和安全教育。

明确实习指导教师的管理职责。顶岗实习期间为每个班配备 2 名实习指导教师（其中 1 名是班主任，另 1 名是专业科任教师），全程参与负责学生顶岗实习期间的考勤管理、技能训练，跟踪指导。实习指导老师与实习单位联系保持畅通，每个月下企业实地指导学生不能少于 6 次（每星期至少一次），每个星期必须上报本班学生实习情况，及时掌握学生动态。

明确顶岗实习学生的个人职责。学生在顶岗实习期间拥有"学生"和"准员工"的双重身份，须服从企业和学校对顶岗实习的安排和管理，不得擅自离岗。未办理请假手续擅自离岗的，作旷课处理，并按学校有关规定给予相应的纪律处分。学生须积极参与和配合企业的实习考核，考核达到合格及以上等次的学生获得学分，并纳入学籍档案。实习考核不合格者，按照学校学籍管理规定作相关处理。

我们始终认为，不论身处哪个领域，哪个岗位，安全问题大如天，我们不能指望事后的亡羊补牢，而应考虑在前，居安思危，精心组织，工作到位，才能防患于未然。

学生准军事化管理

学校准军事化管理实际上就是向军队学习管理，从军队借鉴管理经验，把军队的管理方法应用到学校管理中去，管理学校、规范师生行为、改善学生学习状态和精神面貌。目前，在职业教育领域中，准军事化管理文化逐渐成为学校提升自身竞争力、扩大其影响力、增强其吸引力的重要手段。随着职业教育优胜劣汰的发展形势日益激烈，加快创建具有自身特色的准军事化管理文化成为学校发展改革的内在需要，也是其保持自身旺盛的生命力，实现"人无我有，人有我精"的学生管理文化建设的需要。

教学管理精细化

我们应该使每一个学生在毕业的时候，带走的不仅仅是一些知识和技能，最重要的是要带走渴求知识的火花，并使它终生不熄地燃烧下去。

——苏霍姆林斯基

教学是教育工作的重中之重，教学管理是教学有效作用于人才培养的基础和关键。我们首先要明确中职教育的人才培养目标，即为生产、服务、技术和管理一线培养初中级专门人才和高素质的劳动者。这决定了中职学校的教学管理必然要围绕学校既定的人才培养目标，坚持以服务为宗旨，以就业为导向，以职业技能为主线，突出教学的方向性和实用性，增强教学的活力，使学生具备与社会职业岗位相对接的综合职业素质，以便在未来的就业大潮中占得先机。

为了确保中职教育教学工作实现国家规定的人才培养目标，中职学校首先要对教学管理的重要性有足够的认识，切实把教学管理工作狠抓落实。鉴于职业教育的特殊性，我们也要密切关注经济社会发展对高素质实用技能型人才的需求情况，根据产业需求设置教学内容，制订教学计划和人才培养方案，实现专业教学与产业经济无缝对接，保证教学管理工作的前瞻性和科学性。通过切实有效的教学管理，转变教师的教学观念，注重中职生的习惯养成和人格塑造。根据实际，规范教学组织和教学过程的管理，推动职业教育深度融入产业链，有效服务经济社会的发展，提升中职学校的办学水平和人才培养质量。因此，沙溪理工学校提出教学管理精细化，严守教学质量关。

把握教学质量管理目标的核心，按照教学质量管理要求，实施疏密有致的管理方法，以贯彻落实教学管理的各项内容。我们认为精细化管理不仅体现了教学质量管理的严格制度和规范，而且是检验教学管理质量和水平的标尺。时代的飞速发展要求中职学校践行精细化管理，以此打造出高品质职校，促进中等职业教育向精良化方向发展。在此结合沙溪理工学校精细化管理的实践，从中职学校精细化管理的几个方面浅谈相关认识，希望对中等职业学校的高品质发展具有一定参考作用。

精细化管理是一种管理理念，更是一种管理文化，要求以精心的态度、精细的过程，实现精品的结果。在国家"大力发展职业教育"到"加快发展现代职业教育"的快车道中，中职学校教学质量管理如何与时俱进已成为学校管理者不可回避的现实课题。总结近年来我校从办学实际出发，不断调整办学思路，积极探索精细化管理所取得的一些成效，提出我们对于中职学校精细化管理的浅见拙识，以资参考交流。

一、加强常规教学管理，规范教学行为

（一）转变思想——规范教学行为的前提

思想是行动的先导，实施精细化管理，思想引领是根本。我校重视教师思想观念的转变，组织教师认真学习《广东省中等职业学校教学管理工作规程》，进一步确立"学校以教学为中心""教学以课堂为中心""课堂以效益为中心"的观念。用全面育人的教育观、全面成才的学生观、全面发展的质量观来引领全体教职工，使之成为每一名教职工教育行动的内趋力。在工作过程中，我们着力创新工作思路，抓实、抓好行政干部队伍和教师队伍的建设，以期全体教职工以精细化教学管理思想指导教育教学工作。

（二）完善制度——规范教学行为的保障

制度是学校教学管理稳步、有序和有效运行以及规范教师教学行为的重要保障。在教学管理工作中，我们注重建章立制，严格规范日常教学行为，特别是加强对备课、上课、辅导、批改、考试等教学环节的督查和管理，进一步规范和深化巡堂制度、备课制度、课堂教学责任制、课堂教学信息反馈和教师教学评价制度、听课评课制度、教考分离制度、培优辅差制度等。修订《沙溪理工学校教学常规管理制度》，重点做好以下工作的执行和落实：

1. 坚持巡堂制度

学校实施行政加部长的巡堂制度，权责明确，分工细化，落实到具体的时间、地点和责任人。自实行以来，该制度对保证教学秩序的稳定，增强教师责任心，提高课堂教学效果等方面起到了很好的促进作用。此外，我们还进一步落实巡堂责任，严格把关，评定好各班、各任课教师上课得分，并将其作为任课教师及各班、各部教学工作评价的一项重要指标。通过巡堂，及时发现先进典型予以表彰，同时找出"差班"问题所在，及时整改，真正做到教学工作天天心中有数，人人关心，层层有责。

2. 严格备课制度

学校一直严格备课制度，严禁无准备上课。无论是文化课，还是专业课，或是实操课、复习课，都要求教师必须备好每一堂课。学校建议教师们可通过以下三方面来完善备课活动。一是要正确处理好规范与创新的关系，既要有备课的规范，也要着力于创新，突出先进的课程理念，设计创新，也要有教师的课后反思。二要注意分类要求，对骨干教师，要引导他们打破"框框"，追求突破，充分展示其教学智慧，形成特色；对新教师，要引导他们首先做到规范，由老教师教会他们解读教材，进行教学设计和反思。三是加强和优化集体备课，集体备课是集中大家的智慧，引导教师加深对教材的理解、优化教学设计、提高课堂教学效益的一条重要途径，有利于充分发挥骨干教师的作用，带动和提高新教师的教学设计水平。

3. 落实课堂教学责任制

组织好每一堂课的教学是每一位任课教师的职责，也是教师教育教学能力和工作责任心的具体体现。谁上课谁负责，无论是对学生知识技能的传授，还是思想品德的教育，都是任课教师分内之事，责无旁贷，绝不能推诿塞责。

同时我们的每堂课都尽可能做到优质高效，不规定统一的教学模式，可以怎么有效就怎么上，但有 3 条原则必须遵守：必须明确本堂课教学目标，必须让学生积极参与教学活动，必须当堂检查、反馈和课后巩固。

4. 完善课堂教学信息反馈和教师教学评价制度

推行教学信息反馈和教师教学评价制度，做到公开、公平、公正和准确，达到对课堂教学的有效监控和促进作用。该制度的执行，对提高课堂教学效果起到了积极的促进作用。

5. 听评课制度

学校一直推行听评课制度，在听课中，把随堂听课与听指定课相结合，听"好班"的课与"差班"的课相结合。在评课中，强化"三个关注"：一是关注学生，从学生学的角度评价教师的教，坚决摒弃课堂教学中的"作秀"现象；二是关注事件，取消形式主义，乱贴标签的评课方式，引导教师围绕课堂中发生的有教育意义的事件展开讨论；三是关注过程，开展叙事研究，促使其在评课活动中成长。我们通过听评课，引导教师学人之长，补己之短，积极探索上好课的方法和途径。

6. 推行教考分离制度

中职学校因专业特点不同，科目多，统考难，大多数科目只能自教自考自改，加之学生差异大，教师为了照顾大多数学生合格，经常放松要求，很大程度上弱化了考试的检测目的。为此，我们建立了各科试题库，采取随机抽题方式或交叉出卷方式进行考试或考核，如升大班的语文、数学、英语的统测，计算机、英语考证的模拟考等就采用这种方式，从而有效地反映了教学的真实情况，为我们改进教学提供了准确的依据。

7. 加强培优辅差

进入我校学习的学生无论在思想品行，还是在知识能力上都存在着较大的差异，因此，做好培优辅差工作是每位教师教学工作的重头戏。分层教学，因材施教，整体推进，让所有学生都能"坐得住，学得进"，让不同层次的学生都有进步，都能感受到成功的喜悦，既是我们教改的研究课题，更是我们教学工作努力的目标。

我们成立了各学科的兴趣小组，要求各部各科组指定能力强的老师担任辅导教师，利用课外时间给培优对象专门"开小灶"，让他们在学科知识和技能的学习上做领跑人，对有竞赛任务的学科还专门成立了竞赛队。对每一个培优项目，都要求明确目标，制订计划，责任到人。在培优的过程中还要定期进行检查、研讨，评估训练效果，及时发现问题，总结经验，从而提高培优的成效。在辅差方面，我们不能放弃任何一个学困生，要针对不同专业不同层次的学困生开展帮教、补课等辅差活动。各班要组织学生结对子、一帮一，各部要组织开展形式多样的兴趣活动，尤其是丰富多彩的课外文体活动，调动学生的积极性和向上力。

（三）教学监控——规范教学行为的措施

常规教学管理是教学工作的重心，是提高教学质量的基本保证。必须要抓实着力点，追求精细化，才能确保管理高效益，教学高质量。为此，学校强化教学监控机制，实行常规检查与专项检查结合、督导听课与教师听课结合、信息反馈与及时处理结合等多种教学监控手段，将精细化管理，规范教学行为的举措落到实处。

首先，常规检查与专项检查结合。为加强教学常规管理，学校与企业技师、高校专家、学者、教育界名家共建学校教学管理督导组。教学督导组与教务处、专业科组通过常规教学检查、师生座谈会、听课等形式对教师授课计划的制订与执行，教案的书写与备课，作业的布置和批改，课外辅导与辅差等常规工作进行监控。为提高常规检查的实效性，我校在检查的过程中，注重了三个结合：一是自检与互查相结合，二是专项检查与常规检查相结合，三是普检与抽检相结合。

其次，督导听课与教师听课结合。教学督导组实施开放、公平的教学督导和质量评价。督导组采取"推门听课"的形式，了解课堂真实情况，发现问题，总结经验，促使教师提高课堂教学效果。督导组检查时，随机听课，及时评价和反馈。平时，校长、副校长、中层干部、部长、科组长则要协调分工听完全校教师的课，尤其是要听完所有本年度新调进来教师的课。通过听课，对学校课堂教学状况做出基本的分析，表扬先进，督促后进，以保证整体提高。

此外，学校根据实际情况，要求每位教师，每学期至少上一节公开课，且听课不少于十五节。学校教务处还定期举办公开课观摩与评比活动，教学质量和课堂效率都得到极大的提高。

再次，信息反馈与及时处理结合。学校在常规与专项检查、督导听课的过程中，通过教师座谈、问卷调查、学生座谈等形式建立了信息反馈系统。同时，也在各种层次的教学评估（包括社会评价）中收集教学质量、教学管理水平、办学效益的反馈信息。相关负责人对收集到的各种信息及时进行整理、分析、归纳，及时报教务处和教学副校长，以便采取相应措施，改进教学实施过程中的某些环节，规范教学行为，提高教学质量。

最后，建立目标管理和层级负责管理体系。学校各专业部、各科组围绕学校教学工作总目标确定了各自的学期教学工作目标，并按照学校模块化管理的要求，制订出相应的内部评比方案，定期评比，奖先进，促后进，搭建良性竞争平台，营造和谐激励氛围，促进了各个模块的整体提高。

二、优化教学资源，打造优质环境

（一）加强硬件环境建设，实现教学环境精细化

精细化管理以"精、准、细、严"为主要特征，尽量避免生产过程中无用的消耗，并针对不足，寻找持续改进的机会。将这一理念应用于教学质量管理中，我们针对自身教学资源优势和不足，与政府部门、行业企业、高等院校、科研机构深入沟通，形成资源优势互补、互利互惠的发展建设联盟。如今，我们已经建成了中央财政支持建设的服装专业实训基地、广东省财政资金支持建设的汽修实训中心，打造了中纺院深圳测试中心中山站、中纺标 CTTC 中山检测中心，承办了服务当地经济转型升级的中山市休闲服装工程研究开发中心，创建中山市网商联盟电子商务中心。同时，引进企业先进的配套设备，制定了相应完善的设备管理制度，使其利用率、服务能力都发挥得淋漓尽致。

此外，学校全面建设中国·沙溪休闲服装创意园，并在政府的大力支持下，与中山市职业技术学院根据"资源共享、优势互补、互惠互利、共同发展"的原则，成立了沙溪纺织服装学院，以期实现发展规划共建、科技

创新共建、人才培养共建的目标。

（二）加强教师队伍的建设，实现人才发展精细化

学校发展的根本是人的发展，即教师和学生的发展。我们知道，高素质的教师队伍是落实精细化管理、提高教育教学质量的先决条件，只有使教师达到"学高为师、德高为范、以身立教、为人师表"的高境界，教学质量管理才能提升到一个新的水平。因此，我们对教师提出明确的要求：第一，要具有高尚的师德和对工作高度负责的精神；第二，要具有扎实的专业知识和技能，有广博的学识，对所教学科的前沿知识和相关领域有较为熟悉的了解；第三，要具有教育科研能力，能撰写教育科研论文；第四，要具有终身学习的能力；第五，要掌握现代信息技术，并能够熟练地运用现代教学媒体和教育手段进行教育教学工作。

鉴于以上要求，我校对教师的自修和培训非常重视，并将之纳入教学常规管理之中，与教学工作以及教育科研活动紧密结合，实现教学、教育科研和教师自修的"三位一体"，构建了自修、实践、反思、提高的教师校本培训模式，并鼓励教师进行学历进修和继续教育。目前，我校已有40多人报读在职研究生，进行学历进修；12人参加出国培训，100多人参加国家级、省级培训；还有一大批教师考取技师或高级技师资格证。每年学校都安排教师到企业顶岗实训，甚至成为企业的兼职员工，如服装专业教师武文斌、杨珊等担任杉杉集团意丹奴品牌的设计总监，成为名副其实的"双师型"教师。同时，学校大力推进名师工程，效果显著。陈仕楷校长、冯子川副校长分别被评为第二届"中山市名校长""中山市名教师"，陈仕楷校长还被评为"首届广东省职业院校杰出校长"，冯子川副校长被评为"首届广东省职业院校教学名师"。在教学技能和竞赛辅导方面，也涌现出一大批全国职业技能大赛优秀指导教师、中山市优秀教师。

我们深知培养好一位中职生与培养好一位大学生同等重要。因此，面对这些教育体系中的"弱势群体"，我们提出并践行"让学生学会做人，学好技能，为学生幸福而有意义的一生打下良好基础"这一办学理念。加强对学生的科学引导，珍视学生的尊严与自信，坚持"以人为本、以德为先、以文化人、以质立校"的方针，全面培养学生的各种素质，让学生幸福成长。

三、推进教学改革，创新教学模式

近年来，沙溪理工学校坚持改革创新，全面提高教学质量，创立了"专业对接产业链"的"中职沙溪模式"，即"专业拓展对接产业链、实训中心对接产业链、专业教学对接产业链"，成为广东职业教育的新型模式。

（一）专业拓展对接产业链，推动课程体系改革

专业建设是中等职业学校发展的核心，有一流的专业才会有一流的中职学校。近年来，学校根据地方产业特色和用人需求创建专业，坚持以骨干专业来带动所有专业的建设和发展。目前，学校已开设有服装设计与工艺、汽车运用与维修、纺织品检测、工艺美术、会计、计算机网络、动漫、电子商务、物流管理、市场营销与管理等十多个专业，其中，服装设计与工艺、汽车运用与维修、广告设计与制作、电子商务四大专业成为国家中等职业教育改革发展示范学校创建项目、中央财政重点支持项目。除服装专业是国家重点建设专业外，汽车运用与维修专业、会计专业和电子商务专业、工艺美术专业均已成为广东省重点建设专业。目前，服装专业与汽车专业成功申报为广东省"双精准"示范专业建设项目。

为保证课程改革顺利进行，我校建立了由课程专家、学校领导、一线资深教师、行业专家、企业经营管理领导、企业工程技术人员等共同参加的课程开发团队。自 2011 年下半年起，学校以专业部为主体，积极开展教育教学改革，以仿真教学为基础，根据专业的不同特点，以职业能力培养为本位，以理论学习、项目训练、实岗实训、技能考试等所包含的知识、能力、素质要素为依据，构建特色鲜明的"服装专业技能与生产岗位对接""中职汽修层次＋模块""工美专业课程与企业对接""电子商务四位一体"等具有中职教育特点的新型专业课程体系。以"模块化、组合型、进阶式"的方式加以组织，按照理论与实践结合、校企结合、专业标准与技能标准结合

的要求，将企业真实生产活动和岗位职业能力要求融入专业课程，真正实现中职课程体系构建的革命性突破。

此外，学校加强精品课程建设和校本课程的开发与应用，使教学活动更加贴近学生的专业和生活，更能激发学生的兴趣，提高课堂的效益，使常规教学得到升华。

（二）专业教学对接产业链，创新教学模式，优化教学方法

我校根据中职教育的特点，针对专业特色与发展趋势，构建了"中职沙溪服装专业与沙溪服装产业对接"的服装设计与工艺专业人才培养模式、"沙溪中职汽修教、学、做三位一体"的汽车运用与维修专业人才培养模式，实践推进"沙溪工美专业分层式教学一体化"的工艺美术设计专业人才培养模式，创建"沙溪电子商务校企互联"的电子商务专业人才培养模式，以上教学模式力求个性鲜明、灵活创新，切合中职教育特点、融合校企优势、适应市场需求。

为了提高教学效果，我们科学合理地选择并优化教学方法。尤其是在打破传统学科体系教学内容的基础之上，不断探索与之相对应的、贴近学生实际的、有效的教学方法，将教学改革落到实处。各专业部根据班级和专业特点，大胆实践"以学生为中心，突出学生学习活动"的教学模式。贯彻"学做合一"的教学理念，推行以行动导向为核心的"理实一体化教学""项目式教学""任务驱动教学"等多种教学方法，有效地提高了课程实施的质量。

（三）实训中心对接产业链，实现实习教学管理精细化

实习教学管理是中职学校教学过程管理的薄弱环节，也是决定中职学校学生专业技能质量高低的关键所在。为了平衡学校育人为本和企业利润至上的根本需求，我们主动提供场室让企业进驻，共建了"一基地三中心"及十几间校企合作工作室，同抓共管学生的实习教学管理。

在邀请企业进驻学校建设校内实训基地的同时，我们还在企业里开拓了四个校外专用实训场地，如中山市英仕服装集团，这是一家大型生产中高端礼服的外资企业，产品全部出口欧美市场，对生产工艺要求很高。近三年来，英仕公司专门为我们学校建设了容纳三百人实训的工厂和宿舍，不间断地接纳师生到该厂轮训。

为了更好地服务沙溪服装产业转型升级，我们不能仅仅局限于办好职业教育，而要提升创意研发的价值，帮助企业通过自主创新和品牌创新来迈向产业链的高端，构筑新的竞争优势。

学校建设的中国·沙溪休闲服装创意园，正逐步把中国纺织科学研究院、香港理工大学设计学院、广州美术学院等机构和高校，北京中纺标检验公司中山站、中国通用技术集团意大利公司、香港广弘集团等名企，国内外设计师队伍、中职和高校师生结合在一起，打造成集产品设计开发、生产、检测、贸易、人才培训、工业旅游于一体的产业升级发展的推进器和孵化器，构建"学校内有园区，园区内有学校"的"产学研一体化平台"，推动服装产业加快转型升级。

四、重视科研建设，提高教学质量

我校作为国家科研兴教示范基地，始终坚持全面贯彻"科学发展观"，向科研要质量、要效益。在工作的实践中，深入研究，不断学习先进教育理论，积极发挥科研优势，以课题研究带动全校教科研的蓬勃开展，推动教育教学改革，并鼓励教师们撰写科研论文、开发精品课程和校本教材。

学校科研建设的全面开展，推动了教育教学改革的步伐，也促进了学校教育教学质量和水平的快速提升。

精细化管理是一门科学、一种艺术，更是一种境界。学校的精细化教学管理不仅要管结果，还要管住过程中的关键环节、关键点位，管好教师教和学生学的关键环节，放开教和学的方法。它涉及诸多层面，如在师资队伍、学生管理、教学流程、基础建设等方面无不需要一步一个脚印地去探索和实践。我们完全有理由相信，当我们不断改变粗放的工作方式，事事力求"精细"，持之以恒地做下去，就会形成教育者内在的一种品质，这种品质最终将会对我们的学校和教育事业产生深远的影响。

三创空间

三创空间是中山市沙溪理工学校财经部建设的融企业产品展示和学生实训学习于一体的三创基地,整合了各专业学生创新、创意作品以及校企合作企业产品资源,以电子商务O2O的模式,对学生,尤其是学校财经部市场营销、物流管理、会计等专业的学生进行实习实训和创业教育,是学校积极响应"大众创新、万众创业"新精神、国家经济转型升级新形势、职业教育事业新发展下开拓创新的新举措,既为市场营销、会计、物流管理等专业提供了实习实训场所,也为学校创业教育、创业孵化和校企合作打造了新平台。

教师管理人性化

> 不管一个人取得多么值得骄傲的成就，都应该饮水思源，应当记住
> 自己的老师为他的成长播下最初的种子。
>
> ——居里夫人

教师是教育教学发展的关键，习近平总书记曾指出："努力培养造就一大批一流教师，不断提高教师队伍整体素质，是当前和今后一段时间我国教育事业发展的紧迫任务。"因此，转变教师管理理念，建立和实施科学、高效的教师管理制度是维持学校正常管理秩序、推进中职教育内涵式发展的有效措施。

2015年，中山市沙溪理工学校基于自身师资队伍，尤其是专业教师队伍建设过程中遇到的实际问题，提出并实践"鹰成长"梯队师资队伍建设模式。该模式在组织人力资源管理与个人职业生涯发展相关理论的指导下，通过分析和借鉴自然界中鹰的成长过程及特点，找出教师成长与鹰成长的相通之处，将中职学校专业教师的职业生涯过程大致分为"雏鹰"新教师、"飞鹰"教坛新秀、"精鹰"骨干教师、"雄鹰"专业带头人四个阶段，并实行分段梯队培养计划和考核评价。

"鹰成长"师资队伍建设模式以专业教师为主要研究对象，调查和分析在"雏鹰"（新教师）、"飞鹰"（教坛新秀）、"精鹰"（骨干教师）、"雄鹰"（专业带头人）四个不同职业生涯阶段中职专业教师的素质能力特征。对应各个阶段制定不同的选拔、培训、考核、评价、激励等环节的标准、措

施和制度，形成中职教育的师资建设机制，为不同阶段专业教师创造合适的成长机会和良性的发展环境，为内部培训和晋升营造良好有序的氛围，促进中职专业教师形成良好的职业认识、教育理念，逐步提升自身的专业技能和综合素质，为学校培养一支技能强、素质高的"双师型"教师队伍。

在此过程中，我们完成了以下几个方面的内容：

一、组建一个机构

成立以学校人力资源职能部门（办公室）为主、由学校负责人主导，办公室、教务处、政教处等部门负责人和专业部长构成的师资队伍建设小组，明确分工与合作。

二、明确一个模式

从中职专业教师职业成长现状及需求出发，提出"鹰成长"师资队伍建设模式，通过对其中四个阶段的内涵和外延进行分析、明晰、归纳，使得该模式更加完整、科学、可行。

三、形成一套标准

针对中职专业教师在四个不同阶段面临的现有的、渐发的职业成长需要、问题及危机，形成各阶段选拔、培训、考核、评价、激励等环节的标准。

四、建立一套制度

结合中职学校师资队伍建设的需要和"鹰成长"模式的实行要求，设计一系列措施，形成工作制度，并在实行中评估和改进。

五、培养一支队伍

通过三年的实践，把全校教师建设成为技能高、素质高的"双师型"教师队伍，包括：

（1）"雏鹰计划"——培养 20 名有上进心、乐于学习、工作负责的新教师；

（2）"飞鹰计划"——培养 30 名工作两年以上的、敢于创新、热爱科研的专业教坛新秀；

（3）"精鹰计划"——培养 26 名在专业教学、科研、管理等全方面齐头并进的骨干教师；

（4）"雄鹰计划"——培养 10 名对专业发展现状和社会需求趋势有确实调查和把握，敢于带领专业创新发展的专业带头人。

我们采取以下实践措施：

（一）提出并实施"鹰成长"梯队师资队伍建设模式

"鹰成长"梯队师资队伍建设模式将教师培养分为四个阶段，分别对应了鹰成长过程的四个阶段，依次为：培养新入教师的"雏鹰计划"，培养专业教学新秀的"飞鹰计划"，培养骨干教师的"精鹰计划"，培养专业带头人的"雄鹰计划"。"鹰成长计划"落实到学校现有的服装设计与工艺、汽车运用与维修、电子商务、工艺美术、财务会计等五个专业各自的教学团队建设中。各专业部在学校"鹰成长计划"的总体指导下，制订并实行适应专业需求、体现专业特色的教师培养计划。

（二）明确"鹰成长"梯队师资队伍建设模式的具体内涵

从实质上来说，"鹰成长"师资队伍建设模式是中职学校"专业培养和综合培养同步进行、梯队推进"的策略体现，是对管理和培训教师队伍的整合，旨在合理地挖掘、开发、培养学校战略后备人才队伍，建设一支"校企互通、专兼结合、动态组合"的"双师型"教师队伍，为学校的可持续发展提供智力支持。这一模式借助"雏鹰"（新教师）、"飞鹰"（教坛新秀）、"精鹰"（骨干教师）、"雄鹰"（专业带头人）四个阶段来寓意专业教师的"四阶递进式"的职业成长过程，并从师德、师识、师能、师绩等四个方面进行培养、考核、评价、激励和鉴定。其中骨干教师和专业带头人在培养前还需要经过选拔。

中山市沙溪理工学校"鹰成长"梯队师资队伍建设模式分段培养过程

计划	培养对象	培养时间	培养内容	培养途径	考核评价标准
雏鹰计划	新教师	1 年	师德：遵循师德规范，工作态度认真，安心做好本职工作，不好高骛远。 师识：了解职业背景知识，掌握教育知识，学科基础知识扎实。 师能：侧重专业教学能力，有效组织教学工作，重视自我学习能力。	团队合作、培训、传帮带	新教师考核标准
飞鹰计划	教坛新秀	2～3 年	师德：教育思想端正，热爱本职工作，正确认识职业教育。 师识：侧重职业背景知识，重视专业理论知识与专业实践知识。 师能：侧重教育教学能力，高效驾驭课堂能力；重视个人专业实训实操能力和组织实习实训活动能力。	团队合作、培训、传帮带	教坛新秀评价标准
精鹰计划	骨干教师	3～4 年	师德：爱岗敬业，治学严谨，为人师表，将个人事业与学校发展紧密联系，教书与育人并重。 师识：关注职业背景知识，掌握行业发展现状，掌握专业发展知识等。 师能：重视专业教学能力、专业实训能力、企业实践能力、管理与协作能力、教科研能力和课程设置能力。	名师引领、培训、管理团队	骨干教师认定标准
雄鹰计划	专业（学科）带头人	3 年以上	师德：侧重师德规范，至少曾获得市镇级优秀教师、德育先进工作者等荣誉称号；将个人事业与学校发展紧密联系，主动为学校献良策、做贡献。 师识：重视职业背景知识，了解行业现状、岗位需求和专业发展方向。 师能：侧重培训指导能力，领导专业建设能力，教科研能力、管理与协作能力、企业实践能力。	名师引领、培训、管理团队	专业带头人认定标准

（三）形成稳定的工作机构和一系列制度

学校成立以人力资源职能部门（办公室）为主、由学校负责人（分管人事副校长、办公室主任）主导和专业部长构成的师资队伍建设小组，制定一系列师资队伍建设工作的计划、执行、考核和监督制度，尤其是各级各类教师培养考核、评价、考核激励、管理监督制度，包括《中山市沙溪理工学校专业带头人培养方案》《中山市沙溪理工学校专业带头人选拔制度》《中山市沙溪理工学校骨干教师培养方案》《中山市沙溪理工学校骨干教师选拔制度》《中山市沙溪理工学校教坛新秀培养方案》《中山市沙溪理工学校新教师培养方案》等一系列师资队伍建设制度。

（四）构建"鹰成长"模式培养途径和评价标准体系

1. 培养途径

"鹰成长"师资队伍培养的指导思想遵循发展理论，以人为本，以管理为手段，以服务为保障，形成名师引领、团队合作、分类培训、专业教师传帮带、企业挂职实践、教科研培养等多种途径。

2. 评价管理体系

"鹰成长"师资评价管理按照过程评价原则，综合学校及政府、企业、行业的要求，立足德、识、能、勤、绩的综合考量，采取自评、他评、互评的方式，形成多元化评价主体、多层次评价标准、多渠道评价方式、全方位评价内容的评价管理体系。

◎ 教师自身、同事、学生、学校管理者、企业

◎ 新教师、优秀教师、骨干教师、专业带头人

◎ 问卷调查、访谈、面谈、查阅资料、听课

◉ 师德（品质、态度）、师识（理论水平、知识储备）、师能（教学过程、专业素养、专业水平、专业发展）、师绩（学生的理论水平、学生的技能水平、学生的社会认可度）

中山市沙溪理工学校"鹰成长"师资队伍建设模式评价体系

（1）多元化评价主体：包括教师自身的评价；同事之间互相评价；学生评价任课教师；学校管理者对教师各项表现做出的综合绩效考评；教师下企业挂职、培训或实践锻炼，企业对教师的表现给出评价，可供学校参考；

（2）多层次评价标准：包括新教师评价标准、教坛新秀评价及认定标准、骨干教师评价及认定标准、专业带头人认定标准等；

（3）多渠道评价方式：包括问卷调查、访谈、面谈、查阅资料、听课等多种评价方式或渠道，最后形成综合评价；

（4）全方位评价内容：包括教师的师德（品质、态度）、师识（理论水平、知识储备）、师能（教学过程、专业素养、专业水平、专业发展）、师绩（学生的理论水平、学生的技能水平、学生的社会认可度）等方面内容。

（五）培养了一支数量充足、结构合理的高素质专业化教师队伍

2015 至 2017 年，学校各专业在"鹰成长"梯队师资队伍建设模式的引导下，分别培养了各具特色、结构合理的专业教师团队，进一步满足了本专业教学的需要，共培养了新教师 14 名，教坛新秀 27 名，专业骨干教师 26 名，专业带头人 10 名，各类大赛优秀指导教师 146 名，打造了一支拥有广东省职教名家、全国优秀教育工作者、广东省名校长、广东省名教师、全国技能大赛优秀指导教师、广东省十佳服装设计师、南粤优秀教师、中山市名教师的优秀"双师"专业教学团队。"双师型"专业教师占专业教师的85% 以上。同时，学校还建成了"陈仕楷名校长工作室""冯子川名教师工作室"，培养了广东省四名职教名家培养对象之一、广东省名校长、中山市名校长陈仕楷，广东省名师、中山市名师冯子川，培养了中山市骨干教师、沙溪镇专业带头人鲁东晴、中山市骨干教师钟瑶等大批优秀教师。

2015 至 2017 年，学校师资队伍建设取得了明显的成效。

1. 促进专业教师学历提升

两年多时间里，共有 39 位老师取得研究生学历（学位）或取得入读资格，研究生学历的比例从原来的 5% 上升至 30%。专业教师积极考取了北京服装学院、湖南大学等国内知名大学在职研究生，绝大部分顺利完成学习。

2. 促进专业教师技能提升

两年多时间里，共有 26 位老师取得技师或高级技师资格，学校技师以上比例从 38% 上升至 58%。学校所有专业部专业教师考取职业技能证书的人数和比例不断增加，其中汽车专业部所有教师都拥有技师资格。同时，每位教师每年均按要求下企业实践 2 个月，到真实岗位上锻炼和检验自身技能水平。

3. 促进专业教师教育教学能力提升

学校教师参加说课及教学竞赛方面，16 人次获得国家级奖项，20 人次获得省级奖项，10 人次获得市级奖项；获得精品课市级以上奖项 35 项。

4. 促进专业教师教科研能力提升

学校教师获得镇级以上课题立项 28 项，市级以上论文发表 86 篇，市级以上论文获奖 85 篇，出版教材 28 本，编写校本教材 62 本，54 人获得市级以上荣誉称号。

5. 打造了一支教书育人模范团队，师德建设成果丰硕

学校形成了政教处、专业部、科任老师进行优化组合的管理方式，并随之进行一系列评价制度的建立和改革，培养出了一大批师德高尚的教师，如为民、务实、清廉的典型代表冯子川，被评为"中山市师德标兵"的高全文、漆秋霞，甘为人梯、默默奉献的邱祖怀。也有如廖维光主任和廖耿东主任不远千里，驱车到汕尾家访的行政领导，还有主动为贫困学生垫付学费的服装专业老师徐璐，更有经常用私家车半夜送感冒发烧的学生上医院的值班行政和宿管工作人员等。

6. 开发了全覆盖的培训资源，让不同阶段教师按需选择

学校加强培训力度，积极开发各种培训资源，增加不同阶段教师平等覆盖、自主选择的学习进修机会。2015—2017 年，学校共组织校内专题培训班、研讨班 6 次，33 人集体考取和攻读研究生学历（学位），60 多人参加"以学生为中心"的英国教学法培训；100 多人次参加市、省及以上专业培训，120 多名教师下企业实践锻炼，师资培训总经费超过 70 万元，有效提升了教师的综合素质和职业发展能力。

7. 促进教师不断提升专业影响力和行业知名度

学校专业教师队伍涌现了很多优秀代表，如服装专业带头人、全国优秀指导教师邱祖怀多次参与组织广东省中职服装专业师生技能竞赛、培训、讲

座，并担任了广东省职业技术教育学会服装指导委员会理事、广东省重点专业评估专家组成员，在广东省服装专业具有较高的影响力。工艺美术专业学科带头人彭利荣作为组长主持了国家数字化资源共享平台教学改革项目，赢得专家好评。另外，还有技能娴熟的老教师、"英仕服装生产线"创始人郑慧；既是专业课骨干教师、全国十佳服装设计制版师，又是国家竞赛优秀指导教师的袁超；"全国优秀服装制版师"何静林；中国"真维斯"杯服装设计大赛南部赛区第一名陈彦玮；还有数十位教师成为了专业考评员；等等。他们都成为了行业中的佼佼者。学校教师中有 48 人担任社会职务，教师赵波、卓尚栋、谢小敏等还深入社区、企业、机关事业单位，为上千人作基层文化教育和全民修身宣讲。

特色解读

学校信息化办公系统

中山市沙溪理工学校完成校园网络工程改造项目，开发了 OA 系统、教师管理系统、资产管理系统、教务管理系统四大软件管理系统，形成了相对独立的办公教学网络、数字广播网络、智能监控网络三大物理子网，实现了所有课室、功能室、实训室、教师办公室电脑终端与各专业教学资源库平台、虚拟仿真教学软件、专业实训教学软件以及 OA 办公系统的连接，实现了所有的电脑终端安全并可监管互联网访问。

学生管理企业化

　　既然习惯是人生的主宰，人们就应当努力求得好的习惯。习惯如果是在幼年就起始的，那就是最完美的习惯，这是一定的，这个我们叫做教育。教育其实是一种从早年就起始的习惯。

——［英国］培根

　　职业教育不同于基础教育，其目的是将学生培养成将来能够走向社会、融入社会的应用型人才和高素质的劳动者。每年，中职学校都会推荐学生就业实习，但反馈的信息却总是不容乐观。例如，有的学生在面试的过程当中由于表达能力欠缺被淘汰；有的不能适应企业的规章制度，干不到几天就辞职；有的不服从主管管理，与领导发生冲突；有的则以眼前利益至上，只要工资好些，就盲目跳槽，最后什么工作都没找到，如此等等。这些现象都说明了一些中职生在学校教育管理方面锻炼得不够，也不能快速实现从学生到企业员工的角色转换。企业不仅对学生的专业技能有着具体的要求，而且从很大程度上更关注他们的职业素养。企业对职业学校毕业生的敬业精神、规则意识、忠诚程度颇有微词，这已经成为制约职业教育质量的重要因素。因而，职业教育的培养目标呼唤新的学生教育管理模式。

　　依据职业教育体系的"以服务为宗旨，以就业为导向，以能力为本位"的特色，沙溪理工学校探索了"班级企业化管理"模式，有利于帮助学生更好地实现就业。以汽车运用与维修专业为例，我们根据学生、学校、企业的情况，合理建立企业化班级管理，形成具有专业特色的新型班级管理模式，在班级建立仿真企业管理，成立企业化的班级管理机构。

一、改革班级管理模式

在班级企业化管理模式中，按照企业的架构构建班集体，以厂长为核心成立班级管理组织机构，以企业的管理模式实施"车间主任负责制"管理，以企业的组织模式竞选班干部职位，参照企业部门设置配备车间主任、机电维修工、安全员、设备员、班组长等，明确各部门的工作职责，从而让学生在模拟的职业环境中了解企业文化，体会企业运营模式和岗位职能需求。

（一）改革班干部选举办法

实行 PK 模式竞选，如：每个候选人进行一周左右的实际验证工作，展示自己的才华，然后由学生投票决定正式人选。

（二）树立职位及虚拟工资，由车间主任组阁

设正副厂长负责的班级委员会，在班级委员会下设车间主任、技术总监、机电维修工、安全员、设备员、班组长等，开展日常管理工作，各车间主任还可以按需招聘班组长、机电维修工等，通过"虚拟工资"或"奖品"的方式，如："厂长"3500 元、"副厂长"3000 元，管理人员的提成方式有一定伸缩空间，跟他们的管理效果成正比，形成绩效工资，违反纪律就"扣钱"，不同的组或车间自主管理，某组管理不善或某车间违反纪律，整组或整个车间都要"扣钱"，如睡觉扣 50 元、迟到扣 50 元，直到扣完为止，这也代表操行分。这样更好调动学生"内控"，从开始约束部分人遵守纪律到带动全部人的自觉性遵守，从开始的"内控"约束到慢慢形成习惯，形成整体风气，进而改正缺点和坏习惯，这种管理方式更容易让学生积极接受，能使更多的学生参与到班级管理活动中来，充分发挥学生的主人翁精神，锻炼学生自主管理的能力等。这不光让学生明白赚钱不容易，也更接近企业的管理模式，使更多的学生在班级管理活动中得到比较全面的发展。

（三）建立监督机制

设一个独立的纪检部，其组成人员由学生轮流担任，来监督、检查班级委员会的工作，使学生在行使班级管理权力的同时，更感到了一种责任，一种制约，一种监督，从而不断完善其工作。

（四）引入竞争机制，竞争上岗

在班级企业化管理中采用干部"竞争上岗"的模式，在管理中，实行班干部末位淘汰制，使班干部产生危机意识，有利于他们更好地为班级服务，同时还可以增强学生的竞争意识，有利于学生转换社会角色认定，更有利于学生的长远发展。

（五）建立"班级企业化管理"奖惩制度

当今社会是一个竞争的社会，企业能在当今激烈的竞争中立于不败之地是因为有良好的管理，有良好管理的企业必有一个良好的竞争和激励机制。中等职业学校的学生都是受过打击、经历过失败的学生，存在强烈的自卑感，所以中职生的管理特别需要表扬、鼓励，而激励机制是管理机制的一个核心。激励应是学校常用的一种管理方法，除了学校表彰外，我们应给学生提供充足的机会来满足其个性特长的发展。

（六）每个车间为一个小组，采用小组教学模式

加强教育，切实转变观念，不断创新教学形式。在学校建立企业化管理制度，分"车间小组"教学，充分发挥学生合作学习的积极性，形成小组成员的思想碰撞，共同讨论学习。

"车间小组"教学模式在教学实践中拓展教学空间、培养学生的实战能力，提高学生团结协作能力、强化学生心理素质、文化素质和思想道德素质。教师们在教学中勇于探索、不断创新，开创了一条培养新经济人才的教学管理模式——分项目实训小组学习。

二、建立管理保障机制

在实践过程中，我们也建立了一系列保障机制。

（一）在班级管理中，建立企业化模式的班级管理制度

建章立制是企业管理的核心之一，中职学校与企业的制度有相似之处。在班级企业化管理中，依托《学生守则》《学生日常行为规范》和学校有关规章制度，制定班级管理的《行政议事制度》《卫生管理制度》《考勤制度》《奖惩制度》《公司员工守则》《干部选拔、任用制度》《内部员工转岗制度》《工资发放制度》（工资的多少反映学生的综合表现和能力，将与操

行评定和推荐就业挂钩）等系列制度。从班级管理目标、活动、评价、反馈等方面健全了班级事务的组织、管理、教育和控制功能的动态体系，使班级工作做到有章可循，避免了班级工作的盲目性和随意性。

（二）在班级管理中，形成企业化薪金管理模式的评价、考核机制

在班级中按照企业的模式设岗、定人、定责、定"薪"，一改以往的中职学校学生德育量化考核方式。在实施企业化管理以后，学生由原来的学生身份变成了企业里的员工；薪金管理制度取代班级量化分数管理制度，由原来的量化分数变成了虚拟企业工资，学生的一举一动跟他们薪水挂钩，学生在自负"行为责任"的同时还要承担"经济责任"。当班级"公司"出现退步或有严重失误时，车间主任将遭受班主任（厂长）的问责，并扣除当月工资。实行分层管理、分层负责，达到人人有责、全员管理的目的。

（三）在班级管理中，形成企业化的星级评比的激励机制，通过"明星"效应，激励学生争做明星，争做榜样

在班级实施企业化管理中引进了企业的奖励机制。每逢月底和期末，根据工薪管理考核制度，计算出每位员工的企业工资，参照星级评比条件评出"星级员工"，如文明之星、进步之星、优秀之星、全勤之星等，通过全班同学无记名投票表决评选出"星级团队"，如文明宿舍、突出贡献团队等，给予适当的物质奖励和精神表扬，并把评比的结果贴到教室后面的光荣榜，并贴上"星级员工"个人相片，附上个人格言、星级团队的集体照和团队口号，并大力宣传营造良好氛围，让员工看到自己榜上有名时，能引以为豪，自我激励。

（四）在班级管理中，营造企业文化精神的育人环境，实行"3Q6S"企业文化与班级管理文化融合

企业文化是以价值观为核心的包括信念、作风、行为规范在内的各种精神体现，齐心协力，共同努力，是企业文化的综合体现方式。班级文化是一个班级的精神力量和灵魂，是班级生存和发展的动力及成功的关键。为了让学生尽快适应企业管理，融入企业文化，班级参照企业建制建立班委，制定各个部门负责人工作职责，将学生的平时表现考核分转化为基本工资、职务工资和奖金。在此过程中，班主任是"3Q6S"活动的指导顾问。

（1）"3Q6S"文化目标的导入。班级管理实现观念转变、目标转变、体制转变、考核转变的同时，学生也要实现身份转变，关键是教育学生如何做。新学生就是新员工，首先是确定班级文化理念，即企业文化的融入，"3Q6S"中"3Q"是指好员工、好公司、好产品，学生的目标就是好学生成就好班级，好班级成就好学校，最终成就好的将来。

（2）"3Q6S"管理模式的实施。"3Q6S"的管理要点是排除一切妨碍工作的问题，改善工作场所的环境和条件，使得日常工作能够实现多、快、好、省，而且安全，并心情舒畅，从而提高生产效率。

（3）实施"3Q6S"的管理，能够制造出更好的产品，可以满足用户需求，使企业得到发展，最后可以使全体员工的生活得到改善。

实践证明，传统的班级管理远远落后于企业的管理模式，而我们的学生马上要面对社会就业，进入到企业管理模式中，因此有必要通过班级企业化的管理模式与企业接轨，让学生学会自我管理，提高全面素质，适应社会发展。

三、改革成效显著

（一）转变教育思想，遵循从企业中来、到企业中去的宗旨

职业技术学校纷纷出台了许多形式的"校企深度合作"模式，把企业的气息引入校园里来，"校企合作"是一个大环境。而在班级里面虽可以看到"企业"的一些色彩，但这些终归是表面的现象，没有实质性的东西。"班级企业化管理"模式就是指在班级管理和对学生的教育中吸收企业中有实用的、有特色的企业制度和企业文化，使学生在学校不但能够学好文化知识，提高专业技能，提升职业道德，同时也能够感受企业氛围，感知企业文化，感悟企业精神。这样可以使学生、学校、企业、社会有效地联系起来，真正迈出"校企深度合作"的第一步。

（二）改变传统的班级管理方法，把学校班级管理制度与企业管理制度结合起来，根据班级特点整理成"企业化车间管理模式"的组织方式与文化制度

传统的班级管理中，老师怎么说，学生就怎么做，老师几乎事事亲力亲

为。这从长远发展来看不利于学生的发展。中等职业学校各专业在"校企合作"的大环境下，可尝试改革现有班级干部设置体制，把班级还给学生，让每个学生参与到企业管理中来，建立学生自主管理模式。

四、体会与思考

（一）实训教学急需改革

长期以来，教学中一直存在着重知识传授、轻能力培养的应试教育培养倾向，教师为了"应考"，往往采用"填鸭式"与"题海战术"。课堂教学以老师讲授、学生记忆为主，学生被动地成为知识的"接受器"，思维始终处于抑制状态，不利于学生素质的提高，教学效果也不理想。课堂教学的改革，特别是中等职业学校实训教学的改革关乎学生的"核心竞争力"，如何把学生的学习情感由抑制状态升华到激动和亢奋状态，充分开发人的大脑潜能，培养学生的个体思维、发散思维、创造性思维能力，既能调动学生学习的积极性，活跃课堂气氛，又能培养学生的综合素质和创造力，这是当今教育改革的需要，也是课堂教学改革的需要。

根据社会发展和新形势下新课程改革思路，结合中等职业学校"以就业为导向，培养技能型人才"的办学目标，针对目前"中职学校学生的特殊性质"在实训教学中存在的一些问题，提出了新的解决措施与对策。尤其在实训课的教学组织模式、管理模式、教学策略和实训课程评价体系等方面尝试采用班级企业化管理模式，对于提高汽车实训课教学的质量和效果具有重要作用。

（二）"车间小组化"教学模式

"车间小组化"教学模式充分体现了"生生合作""师生和谐"的教学氛围。"生生合作"也叫生生互动，既包括学生之间的行为互动，也包括学生之间的思维互动；既有知识的交流，也有情感的交流与合作，它是合作表现的一种形式。"师生和谐"指教师与学生之间的配合达到协调，它是合作的实质。合作、和谐的课堂氛围，有利于发挥学生学习的积极性和主动性，有利于学生参与教学过程。通过教师与学生共同参与，取长补短，可形成知识的多向传递，促使学生人格健全发展，培养学生的学习能力、创新能力和实践能力，有利于培养学生的创造性思维。

（三）职业化体验

中职学生正处于人生发展的重要时期，怎样才能使他们得到更好的教育是我们教育工作者不断研究和探讨的课题。作为中职老师，我们还要认真学习科学的管理理论，了解中职学生的生理特点和心理特征，寻求科学化的管理模式。企业管理模式引入到职业学校管理当中，是中职生的一种适应性、预备性教育，满足了中职生好动、求新、追求刺激的心理需求。企业化班组管理模式在实施过程中，发挥了学生的能动性作用，让学生学会了自我管理、自我约束，学生从进校时的自卑、自我封闭、自我否定中转变过来，逐渐树立了成人意识，让其成为准职业人，毕业后能够更快进入真正的职业人角色。

沙溪理工学校针对当前中职学校班级管理存在的主要问题进行研究，提出了中职学校班级实行企业化管理的必要性。同时，针对学生、学校、企业的实际情况，抓住"校企合作，产教融合"的机遇，进行班级管理企业化的探析，详细阐述了我校企业化班级管理新型模式的构建。这对探索职业院校职业教育班级管理改革发展新方向、创新班级管理新方式等方面具有积极意义。

特色解读

汽车维修一条街

汽车维修一条街，即中山市沙溪理工维修中心，由沙溪理工学校与中山市雄鸣汽车修理公司、中山市创世纪汽车有限公司等企业合作，基于合法依规的校企合作协议，将二类维修厂开在校园里，把教室搬进 4S 店，实施招生招工一体化、校企联合育人，改革现有的人才培养模式，开展实车多岗位零距离对接教学模式。

发 展 篇

以无界合作，谋有为发展

能用众力，则无敌于天下矣；能用众智，则无畏于圣人矣。

——三国·孙权

在市场经济转型的今天，校企合作对中职教育起着非常重要的作用。它明确了职业教育的方向，使企业在转型的重要时期具备了人才资源这一有效动力。在具体合作的过程中，企业为学校解决教育资源、师资力量的培养以及学生就业的问题，学校为企业提供人才输出、技术研究等，逐步实现了"双赢"的校企合作局面。然而随着企业对人才的需求日益增加，企业怎样在中职教育的校企合作中实现更大的发展？我们提出"无界化"合作，包括校企合作与校内合作，以合作促发展，在发展中谋取共赢。

我们"无界化"的理念学自新加坡南洋理工学院，他们提出校园管理无界化，是指将团体各个职能部门之间的障碍消除，便于部门之间的沟通合作；把各种有形的"边界"打通，降低成本，提高效率，让改变和创新更加容易和迅速。

南洋理工的无界化是校内各部门之间的合作，我们将其延伸到学校与企业之间的合作。

"无界化"是合作的外在形态，"有为"是其核心价值，即让师生在非限制性的职业环境中最大限度地挖掘自身潜能，不断实现和提高自我价值，并培养学生不断创新的职业能力。在无界化理念的引领下，职业教育的力量是内生的、主动的。它不断引爆个人和团体的潜在能量，又自然而然地消除了合作各方的界限和壁垒。

目前，沙溪理工学校形成了"专业对接产业链"的"中职沙溪模式"，即"专业拓展对接产业链、实训中心对接产业链、专业教学对接产业链"，产学研一体化初具规模。校企合作、工学结合的延伸与发展，带动专业建设向融入产业链的纵深方向发展。学校与中国纺织科学院、中山市科技局、广州美院等十余所高校、一百多家企业等开展全面、深度和高端的产学研合作，使得学生"上学就是上班，上课就是上岗"，把产品研究与开发、产品展示与销售等企业必须解决的问题当做自己的重要课题加以研究，学校把自己的专业建设和产业链、专业设置和企业的生存发展紧密结合起来。与新加坡"出产品"概念相同的是，沙溪理工与企业联手开发变温色差面料制作的服装在世博会上获特许经营资格，受到了广大消费者的青睐。沙溪理工筹建的中国沙溪设计创意园等，也提高了学校的创意和技术含量。如今，创意园区已经成为校企合作的一个重要基地。

一、专业无界化：人人有项目，专业有合作

根据沙溪理工学校经费和场地短缺等实际情况，我们将学校的人力、场地、设备、实验室、校内外实训基地等资源进行合理、有效的整合。运用"无界化"的概念，把沙溪理工学校的服装设计与制作、工艺美术、计算机、会计、汽车运用与维修等专业整合起来，借助沙溪理工学校国家级服装实训基地、国家级纺织品检测中心、中山市休闲服装工程研究开发中心、中山市服装设计师协会等机构资源，引进项目。如开发一个服装销售网站的项目，可以分成若干个专业间合作的小项目，如服装产品设计可由服装、工艺美术两个专业合作，广告设计、网页设计可由工艺美术和计算机两个专业合作，网上交易平台可由计算机和会计两个专业合作，货品出仓和配送可由会计和汽修专业合作。这样一来，学校的各个专业间都能有共同的项目，打破各专业的各自为政，达到专业知识的相互促进和补充。同时，让文化课老师自主选择参与项目，参与项目数据收集（如数学教师）、协调（如体艺教师）、报告撰写（如语文教师）、翻译（如英语教师）等。开设服装语文、会计数学等服务专业的文化课，帮助学生协调专业知识和文化素养，切实有

利于双师型教师队伍的培养。

二、校企无界化：引企入校，实现资源共享

受南洋理工"教学工厂"的启示，沙溪理工学校更加面向市场，立足企业需求，以项目为基础，建立校企合作、专业合作的有效机制。我们不但要学习现有的生产技术，更要致力于改造创新。如近两年沙溪理工学校为通伟公司等多家服装企业引进和辅导 IE 生产管理系统，产生了明显的效益，接下来，学校又组织人员对系统进行使用评估，加以改善，提高效率。同时，对沙溪理工学校实训基地的设备和人员配置进一步优化，通过承接企业项目，让师生模拟企业生产情境，为企业进行项目开发、改善企业生产流程，"跑在"企业前面，才能被企业放在"眼里"。学校引入企业，与企业共同整合场室、设备、储备人才（学生）、教师、企业产品、材料、平台、设计人才等资源，共建共享服装新品研发中心，实现课堂与企业项目结合，推行专业课进行项目教学、仿真教学、一体化教学，让学生在真实的企业环境里"做中学""学中做"，让教学在完成真实产品开发或生产的过程中展开。

学校以优势互补、资源共享、互惠互利为原则，加强各专业与社会企业、行业、协会的校企合作，与 20 多家企业合作共建了 47 个校外实习基地。与中山市恒辉印花有限公司、上海和鹰机电科技有限公司、中山英仕服装有限公司、中山尚道服饰有限公司、中山市硕森服饰有限公司等 40 多家实力雄厚的企业合作，在校内建立了婚纱、晚礼服生产线、服装高级定制工作室、服装绣花、吊挂、裁床、印花等生产实践型工作室。同时与中山市英仕服装有限公司成立了英仕婚纱晚礼服订单班，与中山市沙溪镇逸豪服装制衣厂成立了 EK 服饰订单班。学校还把行业协会引进学校，与科研院所和行业企业开展产学研合作，承办了中山市休闲服装工程研究开发中心、中山市服装设计师协会，与中国纺织科学研究院合作共建中纺标 CTTC 中山检测中心等。

三、师资建设无界化：能力为先，有为才有位

师资兴，则学校兴。在师资建设方面，我们主张以人为本、和谐发展，为教师提供校内外学习和交流的平台，不同专业的教师能够互相学习、交流合作。鼓励教师不断学习，考取相关技师资格，如计算机专业教师通过学习和培训能够考取电子商务师的资格，与电商专业教师合作负责学校电商平台的运作，指导电商专业学生实训等。规定专业教师每年定期下企业实践学习，及时了解行业动态，企业的岗位要求，学习专业最新技术等，成为企业的技术骨干、学生的良师益友。因为教师到企业实践，与学生同吃同住，大家相处的时间多了，增进了师生的了解，学生更喜欢这种拿起课本能讲理论，操起工具能教技能的老师。一些优秀教师也被企业聘请，在企业任职，如服装专业的杨珊、武文斌、高佳杰等教师，都成为企业重视的人才，成为企业技术总监或其他管理人员。此外，学校聘请企业技师或高管担任学校外聘教师，参与制订教学计划和授课活动，推动了校企无界融合，如来自网商联盟的袁义勇等企业高管也是学生的实训教师。这些外聘教师包括行业精英、高校教授等，他们将行业动态、最新技术、创新技能等引入课堂，帮学生拓宽了知识领域。目前，我们"双师型"教师队伍不断壮大，部分教师成为在当地行业有话语权的专业人才。

四、文化融合无界化：以人为本，合作发展

无界化意味着无数的个人和组织不断碰撞和融合，在这过程中，风气的形成和制度的保障就显得尤为关键，这就需要建设优质的文化。"以人为本、合作发展"一直是沙溪理工学校文化建设的根本方向，并以平等、合作、发展的姿态与师生建立合作发展的文化认同——于教师，是"合作发展，各司其职，共同做好职业教育事业"；于学生，是"让学生学会做人，学好技能，为学生拥有幸福而有意义的一生打下良好基础"。沙溪理工学校与师生建立合作机制，并大力引进企业文化，参照企业管理模式，用优秀的企业文化理念来带动学校的管理和发展，形成创新、突破、超前的文化意

识。如今，我们已经引入联想集团的文化理念和企业"6S"管理理念，形成团队合作理念，对学生采取准军事化管理，如汽车专业提出"班级管理企业化"，学生实训操作完全是企业模式。同时，我们重视交流，尊重个性，与企业保持紧密联系，从中获得先进经验和丰富资源。

五、国际合作无界化：敢于尝试，勇于创新

"他山之石，可以攻玉。"新加坡借鉴德法日的经验获得成功证实了这一点。虽然各国的实际情况不尽相同，但阶段性的难题是存在共性的，可供借鉴。近年来，沙溪理工与美国、日本、英国和港澳多个考察团开展交流，并派遣优秀教师到德国、美国、新加坡等发达地区学习，取得了一定的效果。

2014年，学校与英国诺丁汉中央学院签署了IMI合作项目协议，在引进考评标准、建设课程体系、联合培养学生、互派教师等方面推进合作，这是中山市中英职业教育国际合作示范区首个签约的合作项目。IMI的中文全称为英国汽车工业学会，是一个由英国中央政府直接授权和管理的行业技能委员会，亦是一家面向汽车行业专业人士的会员团体。与其有密切联系的机构IMIA，即英国汽车工业学会职业资格认证有限公司，为英国唯一一家100%专注于汽车工业领域的最具权威性及影响力的职业资格认证及颁证机构。该机构所颁发的职业资格证书为国际社会所认可，是汽车行业最先进的职业资格证书。根据合作协议，双方将按照IMI标准指导，完成课程体系和教学资源环境的建设，成立IMI合作班并选拔学生进行培养。学生在成功完成IMI合作班学习后，将取得由IMIA所颁发的二级或二级以上职业资格证书，并获得英方推荐到指定单位实习就业的机会。2016年2月，学校30名高二级学生经遴选组成第一期英国汽车工业学会（简称IMI）学员班，正式开展教学。至6月29日，全部学员通过IMI汽修资格证书在线考试，最终通过率达100%，获得英国汽车工业学会职业资格认证有限公司所颁发的国际通用职业资格证书，受到英方的高度肯定。

2016年6月14日，学校与美国华盛顿州皮尔斯学院正式签约，正式引

进该学院服装设计与工艺专业职业教育课程，有助于学生毕业后进入国外知名的大专乃至本科院校深造。

在后示范建设的路上，学校继续走国际化发展之路，通过引进国外先进职教理念及资源，不但提升了专业发展的影响力，也拓宽了学生成才发展的通道。今后，我们依然会对发达国家和地区如何解决职业教育的根本性难题进行思考，在合作中学习，在学习中合作，逐渐明晰自身的状态，保持创新的动力。

综上所述，沙溪理工学校的一切成就的获得，都源于学校始终有一个坚定的信念：办人民满意的学校，办不一般的职业教育。无论中国职业教育还面临多少困难，我们都将逐步打破障碍，以一人之力合众人之力，以众人之力兴国家之业。改革创新不止，中国职业教育必将与时代同步！

特色解读

纺织品检测中心

2010 年，沙溪镇党委政府穿针引线，促成沙溪理工学校与国家纺织品质量监督检测中心合作，在学校综合服务大楼内建成了国家纺织品质量监督检测中心中山工作站，为全市纺织服装企业提供便捷、高效、权威的纺织服装产品检测服务。

目前，纺织品检测中心通过了国家实验室 CNAS 评审认证、广东省质监局 CMA 认证，仅 2016 年，中心就为中山市 56 间企业提供便捷的纺织产品检测、认证服务和国内国际最新的服装信息，用标准化管理提升中山市纺织服装业质量技术水平。

让资源与质量相辅相成

> 20 世纪是生产率的世纪，21 世纪是质量的世纪，质量是和平占领市场最有效的武器。

——约瑟夫·朱兰

资源和质量共同形成职业教育的 DNA，是职业教育发展、蜕变的生命力来源和核心竞争力所在。

资源和质量相辅相成，缺一不可。质量是学校的生命线，学校没有质量，就不能成为有用的资源，更难以吸引其他资源。职业教育是投入比较大的教育，除了常规教学经费外，还要实训场室建设、设备投入、师资培养，与行业企业密切互动。目前，职业教育的资源很匮乏，培养人才的质量也需要提高。

《国务院关于加快发展现代职业教育的决定》（以下简称《决定》）中提出，现代职业教育要走产教融合、校企合作之路，坚持工学结合、知行合一，服务经济社会发展和人的全面发展，推动专业设置与产业需求对接，课程内容与职业标准对接，教学过程与生产过程对接，毕业证书与职业资格证书对接，职业教育与终身学习对接。

《决定》中提出的走产教融合、校企合作之路，是职业教育解决资源和质量问题的正确思路。无疑，校企合作需要企业投入资源，那企业为什么愿意把资源投向学校？对此，我们要分清学校和企业看质量的角度不同，学校所追求的质量始终在于育人，企业所追求的质量，短期在于创造利润，中期在于储备人才，长期在于品牌发展，最终还是要靠人才。企业选择与学校合作，要求学校有较高的教育教学水平，能够开展深入、高端、持续的合作，在帮它培养人才的同时，还能帮它改进管理和创新产品。

怀着这样的认识，我们从以下方面开展校企合作：

一、整合学校自身各种资源，优化合作条件

我们采取了三个措施来整合自身资源：

（1）整合专业设置。学校设有服装设计与制作、汽车运用与维修、工艺美术、电子商务、物流管理、财务会计等专业。我们始终思考，要找到一种模式，把几大专业有机地整合在一起，增强我们自身的实力。

由于服装是当地的支柱产业，我们就以服装为龙头专业，提出了"专业对接产业链、教育对接价值链"的办学模式，依托当地产业和行业企业，办互相联系、互相促进的优势专业，设置了服装设计、制版、生产、检测、展示、陈列、电子商务、饰品设计、物流、会计等专业。

（2）提高师资素质。我们对内实行"层级优化，竞聘上岗"的优化组合制。打破课时量考核，改用工作室和校企项目质量考核，实行竞争上岗，以职定责，多劳多得、优质优酬；聘请设计师、学者和企业家担任专业建设指导委员会专家，聘任企业师傅担任兼职教师；我们还成立了中山市服装设计师协会，吸纳包括学校教师、企业设计师、学校毕业生在内的400多名服装设计师入会，经常在学校开沙龙活动，交流互动。

（3）改革实训模式。"专业对接产业链"的其中一个对接是"实训中心对接产业链"，我们结合服装产业链需求，吸引企业进校园，把课堂搬进车间，开设"教学工厂"或"教学实训车间"，以企业生产任务为实训项目，实行项目教学、仿真教学、一体化教学；与知名设计师和高级技师开设"名师工作室"，将教师和学生编配到各个名师工作室中，与名师面对面交流、手把手学习。

这样一来，学校的整体实力增强了，老师和学生的专业眼光放得更远，教学的思路更开阔了。企业来谈合作，发现我们不仅是一个专业的力量，还是一所学校的力量；不仅能开展人才培养的合作，还能推动整个企业品牌发

展的合作。企业看到我们不是做表面功夫，而是真正为企业服务，学校成为企业可以借力的资源，企业自然也愿意与我们合作。

二、主动融入到当地产业转型升级中，分担政府重任

整合资源需要机遇，需要有敢于担当的精神。

我们所在的沙溪镇是"中国休闲服装名镇"，服装业是其支柱产业。然而大部分企业还处于贴牌加工的生产模式中，自主研发设计的品牌不多，传统的发展模式已走到极致，一些中小企业面临倒闭。当地政府意识到只有转型升级才有出路。

2013年，沙溪镇出台了《"一二三四五六"发展战略规划》，要打造时尚创意城、文化旅游城、时尚服饰街等项目，并与电子商务开展深度融合，拓宽营销渠道。

在这样的形势下，我们主动配合政府，筹建中国沙溪时尚创意城，与行业、企业合作，共同推动创意产业与电子商务重点项目建设。这样一来，我们不再立足于简单的教书育人，而是站在了助力经济社会发展的高度，紧紧围绕转型升级的需要，为行业、企业做好研发、检测、创意和营销等方面的服务。

在政府的支持下，我们努力整合各种资源。我们先后参与了十届中国沙溪休闲服装博览会，承办了五届服装产业产学研高峰论坛，加紧推进"政府、行业、企业、科研机构、学校"五位一体的产学研一体化实践，为上百家企业提供技术和管理培训交流，推广最新的服装机械、IE监控系统、电子商务等现代化经营模式，被当地政府誉为"产业转型升级的发动机"。

三、与创业成功的毕业生合作，反哺学校发展

不论何时，人才都是最大的资源。办学至今，我们培养了三万多名既全面又专业的毕业生。很多毕业生在一线磨炼多年后，已经走上技术骨干和中高层管理岗位，还有不少人成为当地的村干部、企业家。这些校友身上的资源，是我们比较容易争取到的。

2013 年，我们与 1998 届校友梁锡坤开展合作。他于 2004 年创建的中山市暴风科技有限公司，是珠江地区唯一得到阿里巴巴集团认证的金牌淘宝拍档企业。我们合作共同筹建了中山市服装行业电子商务产学研合作公共技术服务平台，并携手众多优质服装供应商提供资金和技术支持以及运营管理支持。通过这个平台，我校各专业师生全程参与到设计、开发、制作、分销、美工、推广、客服、物流、管理等岗位工作。通过这样的合作，学校和企业"你中有我，我中有你"，不仅是合作伙伴，更是利益共同体。

此外，我们还与其他校友合作了 E 电园等多个项目。这种与校友的合作，极大地提高了师生们的热情和信心，让大家觉得校企合作真的是可以多赢的，是我们能够把握住的。事实证明，我们的付出是有回报的，我们的教育是成功的。

四、给企业最大的红利，发挥资源价值

说一千道一万，校企合作还是要让企业得到实实在在的回报，让企业觉得学校是稳定可靠的。为了吸引企业进驻学校建设校内实训基地，我们主动提供场室，邀请企业让生产设备、技术精英常驻学校，允许其按照生产实际进行运作。而唯一的要求就是，企业必须把设备和师傅都投入学校教学中，把生产计划和教学计划结合起来，和学校教师共同实施和改进教学。我们还协助企业开展学校学生实训专线，如英仕婚纱晚礼服学生实训专线等，让表现比较优秀的学生分批到厂实习，形成良性互动。

除了人才，企业也希望利用学校的资源。我们就让企业充分参与到我们的产学研一体化过程中，使用我们的资源，包括中央财政支持建设的服装专业实训基地，与中国纺织科学研究院合建的中纺标 CTTC 中山检测中心（这个中心已经申报成为了"国家实验室"），我们承办的中山市休闲服装工程研究开发中心，组建的中山市服装设计师协会，与中山职业技术学院创办的沙溪纺织服装学院以及后来我们又组建的中山市服装行业电子商务产学研合作公共技术服务平台。这些都是企业可以充分利用的。

事实证明，企业真的得到了发展。我们携手天竹联盟等企业，与齐齐哈

尔大学等高校合作，研发了亚麻系列服饰、世博温差变色 T 恤、中小学生校服等深受欢迎的服装产品，创立和培育了酷侣、东方儿女等服装品牌，为企业创造了实实在在的利润。

同时，学校也在这过程中不断创新办学思路，改革人才培养模式，培养出来的学生更受欢迎。

五、建立民主透明的运行机制，保障校企合作

运行机制建设是校企合作的最大难题。我们普遍感觉到，目前国家体制还不够完善，职业教育的法律法规还在完善，产教融合、校企合作存在许多困难，资源和质量在融合中也存在诸多风险。

我们为此伤了不少脑筋，也吃了不少苦头。为了规避风险和提高教师积极性，我们决定通过民主管理，让权利回到群众手中，把合作晒在阳光下。对于有意向进驻的企业，通过教师代表大会讨论其实力如何，口碑如何，学校能做到怎样的让步，需要怎样的保障，把项目合同条款公之于众，一人一票决定，最后请律师公证，合法生效。我们尽最大努力厘清学校与企业、教学与生产、学生与员工之间的利益关系，明晰参与各方的责、权、利，制定合法、具体、务实的产权协议和各方责任书，形成明确、可操作的机制，并在运行中予以不断完善。

正如一开始说到的，资源和质量两者相辅相成，缺一不可。而产教融合、校企合作就是其中的转化酶。令人期待的是，从国家到地方政府，都在抓紧研究落实。作为一线的职业学校，我们还是要实实在在地融进去，不断调整自己，及时梳理思路，总结实战经验，提供更多有价值的案例。

特色解读

校企合作的特色

中山市沙溪理工学校的校企合作主要分为以下三个方面：名师工作室与专业指导委员会建设、校企合作工学结合模式建设、校内外实训基地建设。

为促进工学结合，加强学校的专业建设和实习基地建设，培养适合社会和企业所需应用型技能人才，共建长期的人力资源供需协作关系，学校成立了校企合作工作领导小组，设立校企合作办公室，负责校企合作日常管理工作；各个专业部成立校企合作工作小组，增设一位副部长专门负责校企合作，形成校、部二级校企合作管理团队。

学校根据不同企业的特点和需求，在校企合作方面采用多种合作方式，灵活变通。学校聘请行业企业的名师或专家成立了十几间名师工作室；校内建立二十多间校企合作工作室，如纺织品工作室、芭比娃娃工作室、迪希亚电子商务工作室、十点钟传媒工作室等；校企共建服装实训基地、汽车维修实训基地等十几个校内外实训基地，通过"订单式"培养、定岗培训、定向培训、工作室模式，采取校企双师，共同育人，直接为企业培养适用型人才；校内开设生产线，让企业将生产线开设进学校，学生可以直接在生产线上学习，将学生作品直接变成企业产品，推向市场成为商品。

走产学研合作之路

2010年，我校启动了首批国家示范校建设项目。2011年，广东职业教育与产业发展对接暨粤港澳服装业对话论坛在我校隆重举行。由此，全面推动了我校以质量为核心的内涵发展的建设步伐。在"专业对接产业链，教育对接价值链"的人才培养模式下，产教融合、校企合作全面融入到教育教学改革中，也推动了学校产学研合作的发展。

近年来，我校通过承办研发中心、设计师协会这些产学研合作平台，先后与中国纺织科学研究院、香港理工大学设计学院、上海和鹰机电科技有限公司、中山市英仕服装有限公司等60多家科研院所和行业企业开展全面、深度和高端产学研合作，为服装企业提供新产品设计开发、生产改造、服装检测和人才培训等服务，全方位推进专业对接产业链。

一、与高端科研院所合作，让专业在与产业对接中有更多话语权

我校与中山市休闲服装工程研发中心、中国纺织科学研究院 CTTC 深圳中纺标公司合作建设中山市中纺联纺织品检测有限公司，其纺织品检测实验室通过了国家合格评定认可委员会 CNAS 的认证，不仅是权威、公正的检测服务机构，更是政府及有关组织制定休闲服装产业发展规划的技术支撑单位。其质量检测评价工作，成为政府推动纺织服装产业结构调整，品种优化，产业转型升级的重要技术依据，也为中山及周边城市纺织服装企业提供便捷高效的纺织产品检测、认证服务。

此外，学校与香港理工大学设计学院、广东省技术中心等共同申报的"省部（广东省、教育部、科技部）产学研结合示范基地《广东休闲服装产

业产学研结合示范基地的建设》科研项目"正式获批。该项目的实施，将使学校在产学研结合、技术服务方面走在全国中职学校前列，进一步推动中山市传统服装产业的转型升级。

二、与知名电商企业深度合作，让专业在与产业对接中不断培养学生创业能力与创新精神

我校与目前中珠江地区唯一的阿里巴巴集团认证的金牌淘宝拍档企业——中山市暴风科技有限公司携手沙溪镇众多优质服装供应商共建学生的三创（创意、创业、创新）基地，打造以产学研为特色的电子商务平台——触电网。该平台是服装专业学生的就业、创业孵化基地。

学校和研发中心的师生、设计师以及企业资源无缝融入平台，打造国内领先的以 B2B2C、O2O2M 方式开展的校企合作共建 O2O 平台，为学生提供创业、创意、创新实践岗位，如设计开发、分销、推广、美工、客服、物流、质检等岗位，并发动学生为平台开设个人 C 店，走出一条万众创业、大众创新的电商发展之路，为助推中山市服装产业转型升级贡献力量。

三、推进"五位一体"的产学研实践，让专业在与产业对接中成为当地产业转型升级的发动机

我们加紧推进"政府、行业、企业、科研机构、学校"五位一体的产学研实践，培养研发、设计、营销、检测等领域的高端技术人才。2013 年，我们主动配合政府，筹建中国沙溪时尚创意城，与行业企业合作，共同推动创意产业与电子商务重点项目建设，紧紧围绕转型升级的需要，为企业提供研发、检测、创意和营销等方面的服务。我们曾为上百家企业提供技术和管理培训，推广最新的服装机械、IE 监控系统、电子商务等现代化经营模式，被当地政府誉为"产业转型升级的发动机"。

四、实现"作品—产品—商品"的转化，让教学过程与生产过程对接，全面提升教育教学质量

我们将企业引进学校，让企业的生产设备、技术精英长驻校园，并允许

企业按生产实际进行运作，但企业必须把设备和师傅投入到教学中，让教学过程与生产过程对接，如英仕婚纱晚礼服生产线、和鹰单量单裁自动裁剪生产线等。在此，学生的作品就是企业的产品，也是市场上的商品。企业不仅带来了职业技能，也带来了企业的文化和职业精神。这种合作增强了企业对学校专业人才的依存度。

五、邀请英国IMI加盟，校企合作共创汽车实训中心，脚踏实地推进现代学徒制的改革

学校与英国诺丁汉中央学院正式签订IMI合作项目协议，吸收英国先进的职教理念，与企业合作，引进民营资金和社会力量，建设产教结合的中山沙溪理工汽车维修中心（二类企业），开展现代学徒制研究，成为教育部首批现代学徒制试点单位，以前厂后校的模式，实行精准育人，不断提高职业教育人才培养质量，为社会经济发展培养高端技能型人才。

六、结合示范校的创建工作，探索产教融合校企合作运行机制的改革与完善

总结示范校创建经验，我们在探索产教融合、校企合作运行机制中，采取民主管理，让权利回到群众手中，把合作晒在阳光下。对有意向进驻的企业，通过教代会讨论投票决定，请律师公证，合法生效。我们尽力厘清学校与企业、教学与生产、学生与员工之间的利益关系，明晰各方的责、权、利，制定合法、具体、务实的产权协议，形成明确、可操作的机制，并在运行中予以不断完善。

特色解读

沙溪纺织服装学院

沙溪纺织服装学院由中山市沙溪镇人民政府、中山职业技术学院、沙溪理工学校合作建设，旨在深化广东省中高职"三二"对接办学模式，致力于构建科学、完善的现代职业教育体系，培养急需紧缺的技能型人才，加快

人才培养模式的改革创新，促进服装产业转型升级。

　　未来的沙溪纺织服装学院，将建设成为集教育培训、技术研发、管理服务"三位一体"的实用技能型人才培训基地，在开展中高职"三二"对接、高职和中职学历教育的同时，采取短期培训、岗位技能培训、继续教育等形式，开展行政人员业务技能培训、企业职工培训和农村劳动力转移培训，培养实用型技能人才，实现人才培养、产教结合、工学结合、科技开发、毕业生就业等方面的全方位合作，为沙溪经济建设和社会发展服务。

探索工作室课堂模式

当前，如何打破传统课堂教学模式，更加精准地切合中职学生群体个性特点和成长规律，构建具有现代职业教育特色的中职专业课课堂教学模式，已成为中职学校教学改革和发展中急需解决的问题。

而作为首批国家中等职业教育改革发展示范学校，在示范校创建完成后学校发展该如何定位？后示范中应如何继续推进人才培养和教育教学改革？这已成为我校急需突破的瓶颈。

为此，我校在示范校建设的基础上，提出了工作室课堂模式的改革思路，并在全校各专业推行和实施。几年来，我们不断完善实施方案和机制建设，形成了产学研工作室课堂模式建设的有效路径，取得了可喜的成效，提升了学生的素养和能力，提高了人才培养的质量，继续擦亮了中职示范学校的品牌。

一、什么是工作室课堂模式

工作室课堂模式，就是工作室与课堂教学的有机结合，是把专业核心模块课程的课堂教学放到工作室中去，在工作室中开展项目教学、生产性实训、跟岗和顶岗实习。学生在工作室中"做中学，学中做"，在"学校教师＋企业师傅"的共同指导下完成专业知识、专业技能的学习，实训乃至跟岗和顶岗实习。工作室颠覆了传统的"课室理论教学—实训室验证学习"的教学模式，实现了专业设置与产业需求对接、课程内容与职业标准对接、教学过程与生产过程对接，加强了教学与市场的联系，缩短了专业教学与企业生产的距离，从而全面提高了人才培养的质量。

二、工作室课堂模式的实施与成效

（一）工作室的组建

1. 引企进校，建校企合作工作室

我们根据人才培养和专业课程教学的需求，选择性地寻找在行业中有代表性和有意向合作的企业，引企进校，把它们的研发、设备、生产线、技术、人员、管理等引进学校，校企合作共建工作室。如：我校服装专业与中山市英仕服饰有限公司校企共建的英仕婚纱晚礼服设计制作工作室，与尚道服饰有限公司校企共建的尚道针织服装设计制作工作室，工艺美术专业与中山市启航科技有限公司校企共建的启航三维地图制作工作室等。同时，在校企共建工作室过程中，我们还主动把行业企业和社会上的名师、能工巧匠引进到工作室中，指导工作室课堂的教学与实训。有的工作室还以他们的名字命名，如服装设计师董怀光工作室、邱伟工作室等。目前，我校各专业建有校企合作工作室 27 个，工作室正悄悄改变着我校的专业课教学模式。

2. 专业教师组建自己的工作室

工作室是专业教师成长的平台，我校在机制上鼓励专业教师个人或团队按专业教学的要求以及教师个人的能力特长组建自己的工作室，为专业教学、实训和实习服务。如：服装专业一体化教学工作室就是由高尧曦、彭云怡两位老师组建的，芭比服饰设计制作工作室是由唐铁罗、姜哲两位老师组建的，工艺美术专业动漫设计制作工作室是由黄丹老师组建的。全校各专业有近半数以上的专业老师组建了自己的工作室或成为工作室的成员。

（二）工作室课堂模式的实施

1. 工作室是学生专业学习的课堂

工作室首先是学生专业学习的课堂，是专业核心课程学习的课堂，同时也是学生专业实训的场所，当然还是学生跟岗乃至顶岗实习的地方。

工作室课堂采用的是项目教学、生产性实训，是以企业产品生产为项目任务，教学过程对接生产过程，让学生在真实的企业环境里"做中学""学中做"，让教学在完成真实产品的开发或生产中开展。其特点在于针对性强、实践性强，岗位技能要求高，而且项目涉及的专业面较广。如我校服装专业的英仕婚纱晚礼服设计制作工作室里，学生至少要学习婚纱晚礼服的设计、结构制图、缝制工艺等专业核心课程，还要学习服装材料，服装跟单，排花、钉珠，服装生产管理，质检等相关课程或技能，甚至还要学习企业文化、职业规范以及班组同事间团结协作等内容。因此，工作室课堂突破了单一课程的内容，教学内容是开放性的，它可以是多类课程的组合，可以是课程内容的扩展、延伸和深化。这有利于培养学生的综合专业能力，有利于扩展学生的视野，提高学生的综合素质和专业技能水平。

按照工作室的教学要求，一般是二年级的学生才能进入工作室学习，在工作室学习的时间主要根据项目任务的完成情况和学生学习的情况来决定，短则三个月至一学期，长则一至两年。学习期满经工作室考核合格后颁发经校企双方签名盖章确认的合格证，它既是本专业相关课程学习的合格证明，也是第三方企业对学生能力水平的认证。

2. 工作室是专业教师备课、教学、指导学生实训以及进行校企合作的场所

职业教育要求专业教师真正做到"拿起书本能讲，挽起袖子能干"，因此就要教师花费更多时间去钻研业务，提高技能。通常的"办公室—课室—实训室"工作方式显然不能适应改革和发展的要求，而工作室的建立无疑有效解决了这一问题。工作室就是专业教师工作的办公室、课室和实训室，是三室合一的工作环境，在工作室里，教师不仅可以备课、教学和指导学生实习实训，还可以进行校企合作。教师可以在工作室里根据教学需求，引进企业项目，带领学生开展项目研发、产品生产、技术支持等工作，如我校服装、工艺美术专业的很多工作室，都可以给企业开发新产品、制作样板供企业选择后进行批量生产。工作室通过完成项目教学任务，不仅培养了学生，还提升了教师的素质和能力，一大批专业老师在工作室成长起来，成为"既是学校教师，又是企业技师"的真正的"双师型"教师，如服装专业杨珊老师就兼任杉杉集团的意丹奴品牌设计总监，高佳杰老师被聘为尚道服饰有限公司校内工作室设计总监。因此，工作室作为专业教师成长的平台，不

仅能更好地激发教师的责任感、进取心和工作积极性，也能更好地发挥教师的才能，培养出更多优秀的学生。

3. 工作室是学校开展校企合作、产教融合的基本单位

无论是学校还是专业部签订的校企合作项目，最终落地、运作、检查反馈、获得成效等都是通过工作室来完成。因此，可以说工作室是学校开展校企合作、产教融合的基本单位。

在工作室里，校企合作共同完成项目任务，学生直接参与企业生产活动，工学零距离，使学生所学知识和技能能够面对企业和市场，积累宝贵的准工作经验。同时在这一过程中获得职业认知，领悟职业精神，提高职业素养，磨炼岗位能力，从而使得学生毕业时能够很快地融入企业，缩短了学生毕业后的职业适应期，提高了毕业生的就业率和就业质量。

（三）实施工作室课堂模式的成效

1. 工作室培养出优秀的学生

工作室的人才培养紧密对接行业企业和社会需求，工作室的专业教学和技能训练追求"专、精、高"，通过精耕细作、反复打磨，工作室培养出来的学生普遍比较优秀，有较高的职业素养和专业技能，如各专业工作室的学生参加专业技能考证都100%通过，参加市、省乃至全国职业院校技能大赛争金夺银，其中服装专业工作室的学生在参加全国职业院校技能大赛中总计获得了11个一等奖，13个二等奖和19个三等奖。这些学生还未走出校门基本已被企业争相聘用，深受企业和社会欢迎。

2. 工作室取得了丰富的产学研成果

我校各专业工作室在完成项目教学的同时，也取得了丰富的产学研成果。一方面为合作企业完成了一系列产品的研发和生产，如：尚道针织服装设计制作工作室，每年都为合作企业开发设计四个季度的服装样板，产品的市场反响非常好，订单和销售呈大幅上升之势，合作企业发展态势良好；另一方面，工作室的师生还取得了不同程度的研发成果，如服装专业相关工作室与中山市休闲服装工程研究开发中心合作，近五年来成功申报的外观设计专利达126个。

3. 工作室提升了中职学校服务社会的能力

我校各专业工作室通过校企合作、项目教学，不断提升对行业企业和社会的服务能力。如服装专业工作室的师生为合作企业提供了产品设计开发、样板制作，小批量生产等服务；电子商务专业工作室的师生为合作企业提供了网站维护、客服、营销策划等服务；工艺美术专业动漫工作室的师生为广州一儿一教育软件科技有限公司制作动漫系列节目；汽车维修专业工作室的师生为合作企业提供机修、钣金、喷漆等服务。同时，各专业工作室也积极参与对行业企业员工和社会人员的专业技能培训。例如，为配合沙溪镇创建电子商务示范镇工作，电子商务工作室在近两年共为企业和社会开办了 30 期培训班，培训人员达 2000 人。各专业工作室每年总计为企业和社会培训 1700 多人，为当地的经济社会发展做出了积极的贡献。

4. 工作室营造了以职业精神为核心的校园文化环境

我校各专业工作室以校企合作教学环境为阵地，积极营造以职业精神为核心的校园文化，着力培养学生的职业认同感、责任感和进取心。同时，也为学校的文化建设增加丰富的内涵。如，学校民族服饰工作室师生经过不懈努力完成了学校民族服饰博物馆的建设，馆中丰富的展品和图文资料为全校师生提供了宝贵的文化和精神营养。

三、工作室课堂模式运行的保障

（一）机制建设

1. 成立了校、部二级工作室管理小组

学校工作室管理小组成员由校长、主管副校长、各职能处室负责人、各专业部长等组成；各专业部工作室管理小组成员由各专业部行政人员、专业部长、教师代表等组成。

2. 建章立制

制定了《中山市沙溪理工学校工作室课堂模式教学改革方案》《中山市沙溪理工学校工作室建设与管理制度》《中山市沙溪理工学校校企合作管理制度》等，并在实践中不断修订和完善。

（二）学校在人、财、物等方面提供保障

在工作室人员的配备中，主持人是关键，所以，主持人的选聘对象主要是专业部长和骨干教师。每一个工作室主持人的遴选都要经过个人申报、专业部考核、行政会研究、教代会表决等系列程序，做到公开、公平、公正。在专业建设经费上尽可能地向工作室倾斜，配齐所需设施设备。同时，积极开展校企合作，整合企业和社会资源为工作室所用，解决在工作室课堂教学中所需的设备、技术、人员、原材料等需求。

"把课堂搬进工作室，让学生上课就是上岗"无疑打破了传统的教学模式，而项目教学、生产性实训、跟岗或顶岗实习、学校专业教师与企业师傅共同培养学生等改革举措，让工作室课堂教学切实落地，更具实效，更能实实在在地提升中职学校专业教学的质量，更能培养出大批优秀的学生。工作室课堂模式是我校"专业对接产业链，教育对接价值链"人才培养模式的具体实施和升华。

特色解读

英仕婚纱与礼服产学研实训中心

沙溪理工学校与中山英仕服装有限公司合作建成的婚纱与晚礼服产学研实训中心，作为校企合作的一项改革创新，将生产车间引进学校，实行校企"双导师"的实战教学，将企业订单任务作为学生的教学内容，学生的作品就是企业的产品，合格产品直接推向市场成为商品，让学生"上课如上岗"，学生完全在企业生产环境中实践学习，既能锤炼技能，又能感受企业文化氛围，使学校教学与企业生产无缝衔接。

拓宽学生的发展道路

一个人追求的目标越高，他的才能就发展得越快，对社会就越有益。

——高尔基

习近平总书记强调，教育应该围绕"培养什么人、怎样培养人、为谁培养人"这一根本问题，培养新时期的社会主义建设者和接班人。这既是教育工作的根本任务，也是教育现代化的方向目标。为此，我校联合企业、政府、高校，多方聚力，拓宽学生发展的道路，促进学生的成长发展。具体从以下方面着手：

一、搭建多种学习平台，为学生终生学习打下基础

学校以增强学生学习能力、促进学生职业发展为目标，搭建各种学习平台，常年举办各级各类专业学科竞赛，开展丰富多彩的兴趣小组活动，利用学校资源组织学生进行跨专业学习、网络学习和其他培训。同时通过高职高考、"三二"对接及高校自主招生等渠道，鼓励学生进入高校继续学习深造。

（一）高职类高考成绩突出，中高职衔接取得新进展

学校高职类高考多项指标连续 18 年位列中山市首位，近两年高职类高考上线率，总分，语文、数学、英语三科平均分等五项指标全部位列中山市中职学校第一名。学校与中山职业技术学院服装设计学院联合办学，成立沙溪纺织服装学院，参与服装学院的筹划与建设，共同建设学院功能实训室，合作创新服装设计与工艺专业"2＋2＋1"的中高职衔接人才培养模式。同时，学校与中山职业技术学院结为中高职一体化职教集团，学生升入高校的

渠道不断拓宽。

（二）为在校生和毕业生积极拓展成人大专教育

通过与中山电子科技大学、中山职业技术学院合作，开办了电子商务、服装设计、室内设计、会计等多个专业的成人大专班，为在校学生和毕业学生提供学历提升的机会，为学校学生的职业发展提供了更多的机会。

二、培养学生岗位适应及迁移能力，助力学生职业发展

学校开设职业道德与就业指导课程，举办专题培训及讲座，对学生进行系统、全面的职业指导，加强对学生的世界观、人生观、价值观的教育，使学生树立正确的就业观，明确职业方向，规划好自己的职业生涯。其中对应届毕业生开设了主题为"提高修养能力、适应社会需求"专题系列讲座，涵盖调整心态、适应环境等内容。

为提高学生的岗位迁移能力，部分专业实现跨专业学习，例如电子商务专业学生均开展美工课程，服装专业结合产品优势开设电子商务基础课程等。学校还通过校企合作，搭建综合实训平台，提高学生综合学习能力。平台提供美工、客服、服装设计、摄影等岗位，以提升学生的综合能力，学生的岗位迁移能力明显提高。

三、营造创业氛围，助力学生就业创业

学校开展就业创业相关培训讲座，为学生提供更多的创业学习机会，帮助其提高各方面的能力，做好心理准备，有助于中职学校的学生就业和创业发展。

（一）搭建三创空间，让学生零风险实践创业

为了进一步拓宽双创平台，给全校学生提供更大的双创舞台，在学校建设成立创新创业梦工厂——三创空间。目前三创空间与中山仙蒂织袜有限公司、中山市奥慕服饰有限公司等10多家企业开展合作，为本校学生提供货源，帮助学生实现零成本创业。各部门积极开展双创实践，最具代表性的是

财经专业部成立的黑龙茶创业店。财经专业部引台湾黑龙茶进校，鼓励学生开展创业实践，事务全部由学生自行管理、自主经营，这给学生提供了一个零风险的创业实践平台，取得了很好的效果。

（二）通过创业教育，有效增强学生的职业发展能力

电子商务专业结合课堂教学进行创业教学改革。在开店实践教学环节，鼓励学生在淘宝网上开店进行创业实践。学生以 3～5 人为一小组，在教师指导下寻找合适的货源，并协作完成店铺创立、装修、营销、发货等环节。其中有一个小组销售黄圃腊肠，在开店初期单笔交易金额达 1600 元；另有一小组在一个月内销售达到四星；销售冠军组月营业额达 2 万以上。电子商务专业的课堂教学结合双创教育进行改革，在老师的引导下，进行自主创业实践，取得了很好的成效。

特色解读

广东省服装职业教育集团

广东省服装职业教育集团隶属广东省教育厅，是由中山市沙溪理工学校牵头，与广州市纺织服装职业学校、深圳职业技术学院等服装类职业院校、企业单位、行业协会组成的产教联合体。凡具有独立法人资格的职业教育机构、行业协会和企业单位均可申请加入职教集团，成为职教集团成员单位。集团在发展中共吸纳了广东省 10 多家服装职业院校、30 多个企业单位、企业协会等加入到集团，全面提升了集团的实力，有效扩充了集团资源优势。

职教集团各成员单位，根据《广东省中长期教育改革和发展规划纲要（2010—2020 年）》精神，以及广东省服装事业发展规划的要求，共同制定了"对接广东服装产业、服务广东经济建设"的目标，以校际合作为基础，以校企合作为依托，以专业发展为纽带，以职业适用人才培养为核心，充分发挥职业院校、行业协会、企业单位的各自优势，优化职业教育资源配置，提高办学水平，实现资源互补、政策共享、连锁培养、科学发展的目的，走出一条低投入、高效益的职业教育发展新路。

示范引领服务社会

职业教育目的：一、谋个性之发展；二、为个人谋生之准备；三、为个人服务社会之准备；四、为国家及世界增进生产力之准备。

——黄炎培

作为首批国家中等职业示范校，我们一直在探索怎样在深化改革、加快发展、提升质量、凸显特色等方面发挥示范、引领和辐射作用，进一步增强中职学校服务经济社会的能力，在促进地方经济发展，产业转型升级中贡献力量。

一、大力开展社会培训服务，打造全民终身教育基地

学校自 1992 年开始，就承办了沙溪镇政府主管的成人文化技术学校，创建了集学历教育、非学历教育和社会培训的"立交桥"办学模式，这成为当时广东省中等职业教育三大办学模式之一。二十多年来，学校举办多种形式的学历教育和技能培训，为区域经济产业转型发展提供人才支撑。学校已成为沙溪镇全民终身教育核心基地。

一是社区教育。根据居民的兴趣爱好和广泛的需求，开展当地社区服务，灌输社会公德、道德、法制的教育内容，通过文化艺术活动、休闲娱乐、陶冶情操、丰富生活、美化心灵。开展了瑜伽、陶艺等游憩型课程，商务英语口语入门、摄影、服饰配件等求知型的课程，手机摄影、健身舞、民族舞等娱乐型的课程，美容化妆、陶艺亲子等交友型课程若干门，培训规模

达 993 人；同时开展书法、国画、太极拳、茶叶品鉴等中国传统文化特色的课程，推动中华优秀传统文化传播，提升社区文化品位，培训人数达 290 人。

二是岗位培训。把岗位培训作为成人教育的重点。我校采取集中培训、阶段性培训等灵活多样的学习形式，以提高能力为重点保证培训质量。开展的淘宝开店、Photoshop 入门与提高、淘宝美工等沙溪镇电商扶贫课程，培训规模达 534 人。

三是学历教育。以大学专科层次为主，采用 2 种办学形式，目前与中山市电子科技大学中山学院、中山市职业技术学院、中山市广播电视大学 3 所大学联合办学，设置 13 个专业，在校生折算规模为 431 人，充分利用和发挥了职业学校教育资源和培训平台的作用，着力提升学生综合素质与就业竞争力，所培养的毕业生深受用人单位的普遍欢迎。

四是职业技能继续教育。紧跟社会需求，培训职业技能技术，培养社会居民实际工作能力。承接沙溪镇财政局关于沙溪镇会计人员继续教育的任务，培训人数达到 1054 人（含企业在职人员 750 人、在校学生 305 人）；另外由沙溪镇成人文化技术学校与沙溪镇财政分局联合举办、学校承办会计从业资格考前辅导培训，培训人数达 80 人。

二、打造五大技术服务平台，服务中山服装产业发展

学校依托和服务中山服装产业发展，构建"政府主导、行业相关、资源共享"的产学研科技创新体系，全力打造研发与推广、设计、展示、培训、检测五大技术服务平台，重点建设由学校承办的中山市休闲服装工程研发中心、中山市中纺联纺织品检测有限公司、中山市服装设计师协会，全力为当地纺织服装企业提供服务，完善产业链，扶持企业走自主创新道路。

其中，由学校、中山市休闲服装工程研发中心与中国纺织科学研究院、中纺标集团深圳公司合作，在校内建成的纺织品检测实验室，通过了国家实验室 CNAS 评审认证、广东省质监局 CMA 认证，2016 年，为中山市 56 间企

业提供便捷的纺织产品检测、认证服务和国内国际最新的服装信息，用标准化管理提升中山市纺织服装业质量与技术水平。

中山市休闲服装工程研发中心是学校承办的市级科研创新平台。该中心为尚道服饰有限公司等多家知名服装企业提供品牌设计和技术开发服务，与全球服装智能机械厂商和跨国公司上海和鹰公司合作建设和鹰中山 4S 技术中心，在学校建设 GST（服装精益生产）流水培训专线，将和鹰高新技术自动化机械推广到中山通伟、霞湖世家、金沙等大企业，生产效率和产品品质得到很大提升。2016 年，中山市休闲服装工程研发中心与中山华人时代服装公司共建中山装文化馆，该馆是中山市继承发扬中山装文化和培训中山装设计制作人才的主要基地。

学校承办的中山市服装设计师协会不断发展壮大，入会会员达 400 多位。协会在 2016 学年举办了信息交流会 3 次，设计师沙龙 4 次，组织了多位设计师作品参加 2016 年广东时装周和富元国际时装城的展演活动。组织部分设计师前往香港、韩国和上海参加经贸与时装周等活动。

三、传承优秀文化，服务区域经济社会发展

在服务社会过程中，学校注重传承中山本土文化。2016 年，结合纪念孙中山先生诞生 150 周年活动及沙溪镇服装产业发展，在校内承办由中山市政协牵头组织的"中山装与中山服装产业发展"论坛，深入探讨中山装历史和文化内涵以及中山服装产业转型，结合中山服装产业优质资源与国内优质资源，整合产业集群优势，全力培养"中山设计"品牌。学校还在校内博物馆专门陈列不同时期的中山装，展示不同时期的中山装文化，为发扬传承中山装文化做出应有贡献。

2017 年 7 月，学校协办由中山市教育和体育局主办的主题为"'衣'展时代风采、'服'现中山特色"的 2017 年中山市校服（园服）设计征集及展示评选活动。中小学生校服款式设计遵循了"安全、美观、得体、舒适、实用、经济"的原则，倡导设计要富有中山文化特色和时代特点，符合青

少年儿童年龄特征，为中山本土文化进入校园、让青少年传承中山文化做了应有贡献。

为更好传承民族服饰文化，2017 年初，学校完成了民族服饰文化博物馆的改建。在博物馆一楼展厅，展示了中山装、瑶族、苗族、维吾尔族的服饰文化，同时展现瑶族、苗族、维吾尔族部分生活文化。在博物馆二楼展厅，展示了 100 多件珍贵的黎锦服装、饰物、纺织工具，以及 200 多件其他民族的服装饰物。其中黎锦是中国最早的棉纺织品，历史超过 3000 年，堪称中国纺织史上的"活化石"，2005 年被国务院列为第一批国家级非物质文化遗产保护项目，2009 年被联合国教科文组织列入首批"急需保护的非物质文化遗产名录"。博物馆的建设，促进学校服装专业与海南织贝公司进行深度校企合作，校企共同开发了 10 多个系列的黎锦文化产品。

四、发挥职教名家作用，帮扶珠三角及粤东、北等区域中职学校

学校校长陈仕楷作为广东省四名中等职业学校职教名家培养对象之一，根据省教育厅要求，先后率领工作室团队对佛山市南海区盐步职业技术学校、东莞理工学校、潮州市卫生学校、普宁职业技术学校、汕头市纺织服装职业技术学校、河源理工学校等十多所学校进行职业教育帮扶，取得良好成效。

五、发挥示范校作用，指导省内中职示范校建设

2013 年学校以高分通过首批国家示范验收，学校的办学模式及内涵建设在中职教育领域具有较大影响。2016 学年，学校应广东省教育厅要求，发挥国家示范校领头羊作用，对河源理工学校、肇庆市工业贸易学校、肇庆市农业学校等省内多所国家示范校的建设进行专门指导。同时，海南省旅游学校、江门市新会机电职业技术学校等上百所国内中职学校，以及中职学校校长培训班、各省职教名师研修班等团体前来学习学校办学经验，产生较广

泛的后示范效果。

六、积极响应国家精准扶贫政策，贯彻落实教育扶贫工作

学校积极落实国家、省市有关解决农民工子女入学的相关政策，进一步扩大招收农民工子弟，大力资助农民工学生，为其营造幸福安心的学习环境，切实为农民工家庭解决子女入学困难。此外，为认真贯彻落实中央扶贫开发工作会议、西部扶贫协作座谈会和云南、广东扶贫协作工作联席会议精神，落实《广东省东莞市、中山市和云南省昭通市对口帮扶教育协作协议》，中山市作为和云南省昭通市对口帮扶的教育市，2016年12月19日至23日，两位来自云南省昭通市镇雄县职业高级中学和彝良县职业技术高级中学的校长到学校跟岗学习五天，其间学习了学校办学模式和管理体制、教学质量监控、干部队伍建设、教师职工激励机制、学生管理体系、安全管理体系、就业工作体系、校企合作模式等内容。经过中山市教育和体育局、学校前期深入昭通市的宣传招生工作，121名云南省昭通市威信县籍初中毕业生于2016年9月4日正式入读学校，与在校其他学生一起共享幸福职教，同圆中国复兴梦。至今，学校招入云南籍学生已有300多人，以教育扶贫的方式帮云南学子圆了读书梦。

特色解读

教育质量

学校办学水平不断提高，教育质量稳步提升。据统计，学校学生2006至2016年参加广东省中等职业学校技能竞赛，荣获57个一等奖、73个二等奖，是中山市成绩最好的学校；学校参加高职类高考，上线率，三科总平均分，语文、数学、英语单科平均分这五项高考指标连续22年高居全市第一；学生每年参加会计上岗证考试、全国计算机等级考试、广东省计算机技能统考、汽车维修工考试、全国计算机高新技术考试、服装CAD等通过率均达99%；自2008年以来，学校连续十年获得中山市中职学校教育教学质

量评价一等奖。在 2011 年 12 月举行的广东职业教育与产业发展对接暨与粤港澳服装业对话论坛上，时任教育部副部长的鲁昕盛赞学校"沙溪理工学校不大，楼不高，但是很有内涵"。这样的"内涵"，就是文化的内涵。

在学校培养的人才中既有像全国劳动模范、北京奥运会火炬手刘庆苗这样的杰出人才，也有勇救落水女的中国好人、中山市十杰市民陈嘉庆，并有抗洪英雄的优秀村官余志荣、优秀驻村干部陈岳荣和爱国奉献标兵杨劲涛，又有广东十佳服装设计师陈雅洁、林永健、杨珊，还有身家过千万、乐于慈善的成功企业家李庆伟和李伟声，更有丰田 4S 店的"机修超人"陈子超等大批在企业生产一线的技术骨干和管理人员，成为当地经济建设和社会发展的重要支撑力量。他们是学校生动的文化符号，为当地经济文化建设注入了鲜活的力量。